3日で人生が劇的に好転する文字の書き方

筆跡診断士
林 香都恵

成功者の書く字をインストールすれば運は開く！

JN035436

はじめに

この本を手に取ってくださり、ありがとうございます。

私は筆跡診断士という、文字に表れる書き手の魅力や才能を見つけて、生き方が好転する書き方をアドバイスする仕事をしています。この仕事をしておよそ20年、約６２００名の方の文字を見てきました。最初になぜ私がこんな珍しい仕事をしているのかお話しさせてください。

私は子供の頃、とても不安症で気持ちの弱い子供でした。

幼稚園まで送ってくれる父と別れるのが寂しくて大泣きし、父の後を追いかけて転び、さらに泣くという大迷惑を毎朝繰り広げたり、楽しみで仕方ないはずの家族旅行の前日は、「雨が降ったらどうしよう」と不安の雲に心を占領され眠れなくなる。そして、旅行中も飲み物を買いに電車を途中下車した母が乗り遅れるのではと心配で号泣してみたり、学生時代のテニスの試合では、ファーストサーブが入らなかっただけで「ああ、今日はもうだめだ」というように勝負より先に気持ちが負けてしまうような子供でした。

だから、いつも小動物のようにドキドキビクビクしていて、「誰かに何か言われないといいなぁ」「先輩に目をつけられないように目立たないようにしていよう」「今日もイヤなことが起きませんように」と、リスク回避の逃げ道ばかり考えていて、毎朝起きるのが憂《ゆう》鬱《うつ》でした。

大人になってからは何かやりたい気持ちはあっても怖さが先に立ち、すごく小さな一歩しか踏み出せず、30代になってからは自分を変えたいとジタバタしてみましたが、なかなかうまくいかずいつも悶々としていました。

そんな時ふとしたことで筆跡心理学に出合い、自分の欠点（自分の弱さ）がわかりやすく文字に表われることを発見。「これが自分の欠点か！　それなら文字を直してみよう」と改善したところから人生を変えることができました。

それから約20年、私は今、人生最大のリスクともいえる自営業、おひとり様起業をして、筆跡診断士という超マイナーな仕事で生計を立てています。人に何か言われたら怖いと思っていたのに、全国の経営者に筆跡心理学の講演や講座をさせてもらったり、本を何冊も出版できたり、自分が作ったメソッドを全国の人に広め、たくさんの仲間を作ることもできました。

プライベートでは一度は結婚に失敗しましたが、筆跡診断士になったと同時に最愛のパートナーに巡り会え、公私ともに充実した毎日を送っています。

ただ、苦悩がなかったわけではありません。コロナの緊急事態宣言が出た2021年1月8日にパートナーが交通事故に遭い、身体にも脳にも重度の障害が残ってしまい、その時から介護にどっぷりつかる生活になりました。たった一人で身体の動かない身長188センチの男性を介護するのは思った以上に大変で、介護以外にも経験したことのない難関がいくつもやってきました。

普通の人から見ればリスクだらけ、苦労だらけ、心配事だらけなのに、それでも毎日が楽しくて、50代後半になった今でも、やりたいことがいっぱいあって、そこに力を貸してくれる仲間もたくさんいて「しあわせだなー」と思う人生を過ごせています。

なんといっても、以前はいつも鬱々としていた朝が、「よし！　今日も頑張ろう！」と元気に起きられて、自分では史上最強のヘナチョコだと思っていたマインドは「林さんは強いよね」「エネルギッシュだね」なんて言ってもらえるようになり、確かに、トラブルや逆境があってもへこたれなくなり、あきらめることもなくなりました。

なぜ筆跡診断士になったら生き方を変えられたのか。筆跡心理学とは、書かれた文字の特徴から、その人の性格や生き方のクセ・行動パターン、自分でも気づかない深層心理や、書いた時の心身の状態などが分析できるツールのことです。

今から約20年前、最初に筆跡心理学を知ったとき衝撃を受けました。私は当時、仕事にもプライベートにも行き詰まっていて、メンタルが弱くて落ち込みやすい不安症なのはわかっているものの、どんなときに弱くなって、どうやったら直せるのかわからなかったからです。

当時、私は特にうまくも下手でもないけれど、なんとなくナヨナヨしたような自分の文字が嫌いでした。そんな自分の文字を筆跡診断すると、感情のぶれを表す線や、気持ちを引きずる線があって、気持ちが乱高下しやすく、物事を引きずってしまうのだとわかりました。「そうか、だから本質がぶれてしまうんだ！」と、自分で分析できたときの感動は今でも覚えています。パズルが完成したような気持ちになりました。

あとは、それを解決する文字を書けばいいのです！　そして、実際に、人生が変わっていき、私は急激に筆跡心理学の魅力にはまっていきました（当時の私の文字は序章をご覧ください）。

私が筆跡心理学を学んでいた当時、席を同じくする受講生仲間に、日本を代表する神社の禰宜《ねぎ》を勤める方がいて、その方に姓名判断をしていただく機会がありました。

職業柄、姓名判断の結果が思わしくないと、封印をしてくれるのですが、私の結果を見て彼は申し訳なさそうに「林さんの名前には大凶が5つあるんだよ……」と言いました。

今思えば、偉い方に図々しいお願いをしたものだと恥ずかしくなりますが、「じゃあ、開運になる新しい名前を付けてください！」とお願いをし、作っていただいたのが今の「香都恵」という名前です。

新しい名前を早く書き慣れようと、毎晩名前を書く練習をしました。これからの自分の人生が好転するように、もっとドライになってメンタルが強くなるようにと、筆跡心理学で学んだ知識を駆使していろいろな生き方をイメージしながら書き方を試しているうちに、気持ちが明るくなり、あまり落ちこまなくなりました。

そして、「こんなに簡単で手軽で面白いメソッドをもっと広めなければ！」という使命感が湧き、そこから私の人生が好転していったのです。

たいして能力が高いわけでもなく、才能があったわけでもない私が、本を何冊も出版できて、今もこうして新しい本を書く機会をいただき、全国の経営者から講演のお声がかかったり、受講生から「先生」なんて呼んでもらえるのだから、筆跡の力ってすごいなと。

でも、これは私だけに起きたことではないのです。

弊社の講座を受けてくださった多くの方や、私と同じように介護で大変な毎日を過ごしている人、今まで自分を受け入れることができなかった人も、自分を過小評価していた人も、試験や試合に勝てなかった本番に弱い学生さんも、「生きやすくなった」「自分を認められるようになった」「本番に強くなった」「売り上げが上がった」「信頼してもらえるようになった」と言ってくれました。

だから「自分をもっと高めたい！」「このままで終わりたくない」「自分らしさをもっと生かしたい」「本当の自分に出会いたい！」と思っている人に役立ててほしくて、この本を書くことにしました。

文字を変えて自分を変えると聞くと「写経みたいに字をたくさん書かなくてはいけないのでは？」「お見本通りにきれいな字を書く練習をするのでは？」などと思われるかもしれませんが、そんなことは不要です。

人生を変えるために必要なのは、**自分の名前を「ある方法」で朝晩3日間書くだけ！**

たったこれだけです。私が20年近くかけて作り上げたノウハウをぎゅっと集約すると、**これで充分なのです。**面倒くさくもなく、時間もお金もかからず、そして、なんと言っても楽しい気持ちになって心を整えながら、生き方を望む方向に変えていくことができます。

自分の生き方を変えるのに年齢も経験も字の上手・下手も関係ありません。必要なことは「変わりたい」「このままではイヤだ」という思いがあること。共感して下さったら、ぜひ3日間の超簡単トライアルを体験してみてください。

この本を通してお伝えしたいことは、以下の3つです。

① 誰も知らない文字の魅力を知って、あなたの人生に役立ててほしい

文字を書く機会は減ってきているけれど、文字には知られていない「素晴らしい力」があります。

文字の書きグセは生き方のクセ、文字を見ればあなたの魅力や才能が必ず見つかります。筆跡心理学はあなたを守り成長させてくれる人生のお守りのようなものです。

② 最速で人生を変える方法は、自分の名前をある方法で書いてご機嫌になること

名前は、あなたの親族が「幸せになりますように」と願いを込めてつけてくれたもの。だから、名前はあなたにとって一番思いの入る文字。自分の名前を大事に書いていますか？

自分の名前を大事に思いを込めて書くことで心が整い、自己肯定感は上がっていきます。

　固定観念にとらわれず、自由にのびのびと気持ちよく名前を書けたら、あなたの生き方は好転し始めています！

③　成功者の書きグセを自分の文字に取り入れて、生き方をバージョンアップさせる

　人生の波を上手に乗りこなして結果を出している人の文字には特徴があります。あこがれる人の文字の特徴を自分の文字に取り入れることで、その生き方を脳にインストールすることが可能です。

　自分の直したいところをスムーズに修正できるので、簡単に望む未来が手に入ります。文字は、あなたの生き方を生涯にわたって高めるツールなのです。


　～文字で自分を変えるのはあなたが思うよりずっと簡単！～


　人生はそんなに簡単じゃない、いいことばかり起きるわけでもないとお思いの方もいらっしゃるでしょう。

　そんなとき、あなたにゆるぎない自分になってもらうために、疲れたりストレスが溜まったときに出やすい、ちょっと気をつけたい文字の書き方もお伝えします。

具体的には、罪を犯してしまった人の文字を紹介しています。

犯罪者の文字を見て理解してほしいのは、「自分とは関係ない」「怖い」と思うのではなく、「なぜこの人が罪を犯すことになってしまったのか」「どうしたらこの人は犯罪者にならずにすんだのか」「もし、周りに似たタイプの人がいたらどう声をかけたらいいのか」と、学ぼうとすることです。

あなたにも手書きを通して自分を高める感覚を味わってほしい！

そして、文字から自分の魅力をもっと知ってほしいです。とても簡単ですぐに使える方法なので、ぜひ実践しながら取り入れて、周りの人も高めてあげてください！

目次◆3日で人生が劇的に好転する文字の書き方
——成功者の書く字をインストールすれば運は開く！

はじめに　1

序章　文字の書きグセは生き方のクセ

書きグセで人生は好転する　20
人生をもっと良くしたい、変えたいと思っても……　22
文字はもっと気楽に書いていい　24
文字から「私は大事な人だ」と気づいてほしい　26
3日で人生が変わる、この本の使い方　27

第1章　なぜ文字を書くと人生が変わるのか

文字にはあなたの生き方のクセが表れている　32

自分の文字は好きですか？ 33
文字を見れば人生がうまくいかない理由がわかる 36
知ってほしい文字の効果効能：字を書くと脳トレになる!? 38
欧米人が驚異に感じる、漢字をたくさん書けるってすごいこと！ 40
文字を書くことは健康にいい 41
うまくいく人の書きグセを脳にインストールする 43

第2章 3日で人生を変えるための準備

人生を変えたいと悩む日々 46
筆跡診断と筆跡鑑定の違いご存じですか？ 49
たかが線の組み合わせ、でも文字になると言霊になる 50
普段どんなことを考えて文字を書いていますか？ 51
書く前にインプットしておきたい3つのマインドセット 53
人生を変えるための準備 56

第3章　1日目：自分の文字を好きになれば3日で人生は変わる

自分の名前をいつも通り書いてみましょう！　60
筆跡診断士になったつもりで分析開始！　62
人生が変わる名前の書き方のコツ　65
もう一度自分の名前を書いてみましょう！　70
気持ちよく書けたらそれでＯＫ！　71
もっと書きたい！　何回書けばいいの？　72
いつやるの？　朝と寝る前がおススメ　74

第4章　2日目：運気アップの成功マインドが作れる5つの書き方

運気アップの成功マインドが作れる5つの書き方　78
ぶれない自分軸が作れるおススメ練習法　91
書いてみて違和感があったら　92

さらに運気アップにつながる文房具の選び方　93
持ち方や姿勢も自分を高めるのに大事　95
正しいペンの持ち方ご存じですか？　97
正しい姿勢は身体に良い！　98

第5章

3日目：成功者の書きグセを取り入れて望む未来を手に入れる

あなたがなりたい成功者の書きグセを取り入れてみよう　105
精神的な安定と成功運をつかみたい：綾瀬はるかさん（女優）の文字　108
人を大事にして愛される人になりたい：大谷翔平さん（プロ野球選手）の文字　113
自分を見失わず意志を通したい：羽生結弦さん（プロスケーター）の文字　117
人間味あふれる明るいリーダー：栗山英樹さん（WBC日本代表前監督）の文字　121
のびやかに知的に人生を楽しんだ：牧野富太郎さん（日本植物学の父）の文字　125
番外編1　類まれなる指導力を発揮：田中角栄さん（昭和の政治家）の文字　130
番外編2　バランスのいい才女：大江麻理子さん（テレビ東京アナウンサー）の文字　134

番外編3　愛に生きる人：広末涼子さん（女優）の文字　136

第6章

こんな書き方に気をつけて：運気ダウン、心身の状態が悪いときの文字

元気がない、気力が湧かないとき：閉空間小型　140
心身のどこかに不調があるときの文字：空間つぶれ型　141
我慢をしてストレスをためているとき：左ハライ・トメ型　142
ストイックで自分を追い込みやすい：下狭型　143
不整脈など、身体が弱っているときの文字：線結滞型　144
人生を間違えてしまった人の文字：犯罪者の文字　144
まじめすぎて間違えた道を戻れなくなった優秀な人：オウム真理教土谷正実　145
執念深く粘着性が高い：新潟女児監禁事件の佐藤宣行　147
自信過剰で自己顕示欲が強い：首都圏連続不審死事件の木嶋佳苗　149
エネルギーをどこに向けるか　151

おわりに　153

3日で人生が劇的に好転する文字の書き方

——成功者の書く字をインストールすれば運は開く！

序　章

文字の書きグセは生き方のクセ

書きグセで人生は好転する

10年前の年の瀬にIさんというかわいらしい女性が筆跡診断を受けに来てくれました。Iさんは管理栄養士という仕事柄、短時間でメモをたくさん取るそうで、小さな文字を書いていていました。

しかし、話を聞いていると小さな文字を書くタイプではないように思えたので、「文字をもっと大きく書いてみませんか？」とアドバイスしたら、どんどん大きな文字を書いて「楽しいです！」と笑顔でおっしゃっていました。

そして、年が明けて届いたIさんからの年賀状にびっくりしました。

大きさはもちろん、はみ出しても気にしない子供のような伸びやかな線に思わず声を出して笑ってしまいました。Iさんはその年から弊社にコンサルを受けに通ってくれていて、その時、同じ趣味を持つ男性から交際してほしいと言われたと話してくれました。

「正直、そういうことは考えていなかったのですが、大きな文字を書くようになって、受け入れてみようかなと思っているんです」と話してくれて、なんとその数か月のゴールデンウィークにはご両親に引き合わせ、あっという間にゴールインされました。

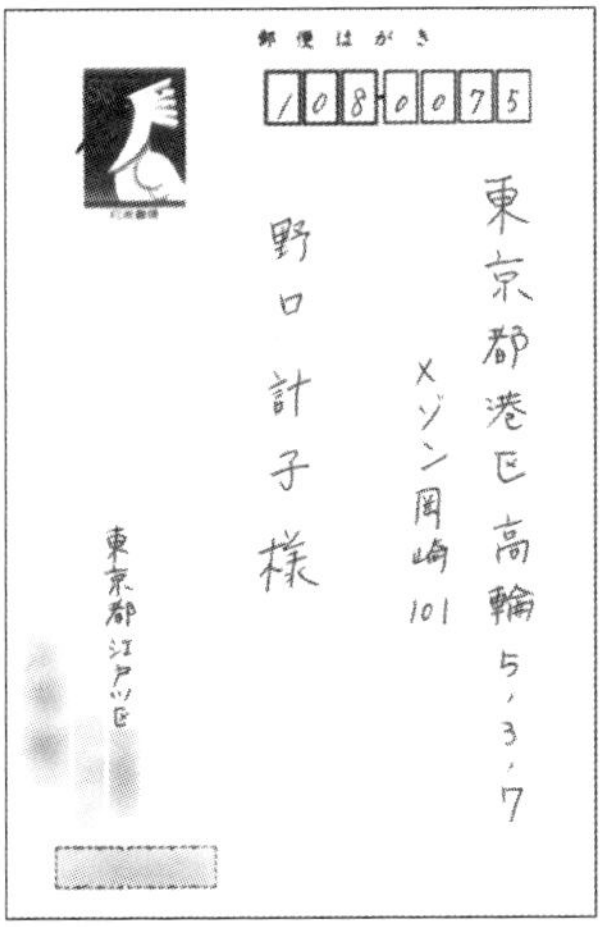

初めて診断を受けたときのＩさんの文字

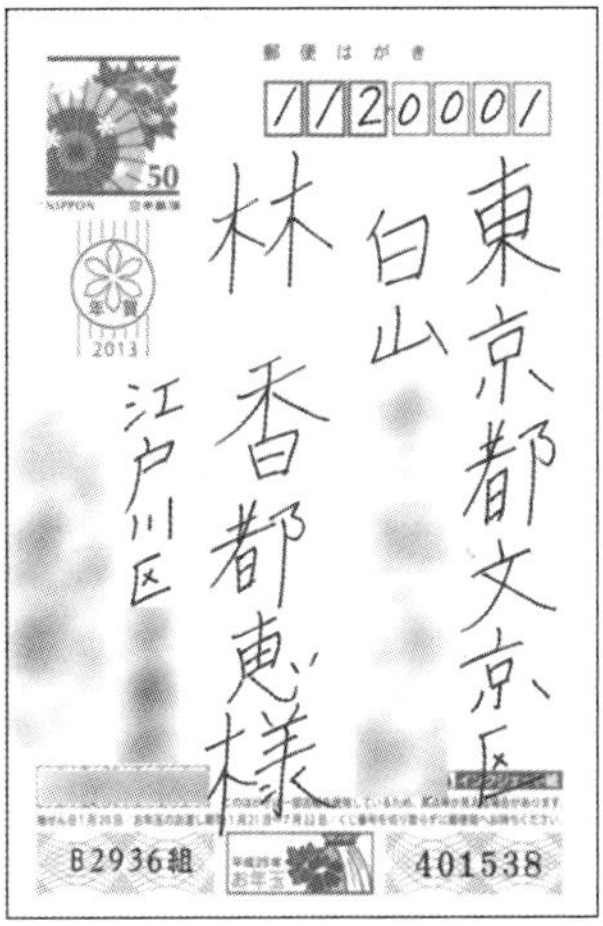

次の年に来たＩさんの年賀状

そして、10年経った今でもラブラブで、海外旅行やイベントを楽しんだり、ご夫婦で人生を満喫しています。また、Ｉさんはデカ文字をきっかけに仕事でも昇進を重ねていて、まさに文字を変えて生き方を変えた典型のような方です。

なぜ私がＩさんに文字を大きく書くことを勧めたのかというと、Ｉさんは、話を聞けば聞くほど明るく前向きでやりたいと思ったことはすぐ行動するタイプの人だったからです。文字の大きさは行動力を表します。

仕事の都合で小さい文字を書くようになったけど、それがＩさんが本来持っている魅力や行動力を失わせているのでは？　と思ったので、お勧めしたことがまさに人生を好転させる結果につながったのです。

人生をもっと良くしたい、変えたいと思っても……

「字を大きく書いただけでそんなに簡単に人生が変わるなんてありえない」と思いました？　でも、これは紛れもない事実です。

この本を手に取ってくれたあなたは「自分をもっと高めたい！」と思っている方だと思います。でも現実は、かつての私のように、

・頑張っているのになかなかうまくいかない
・モヤモヤから長い間抜け出せない
・人を優先する癖がついて自分を大事にできない
・つい人と自分を比べて落ち込む
・自己肯定感が低く前に進めない
・どうせ無理とあきらめてしまう
・難しいことや大変なことは避けたい
・毎日の生活に変化がない

と、悶々としながら、毎日を過ごしていたりしませんか？

でも私、このような悩みを持っている人は素晴らしいと思うのです。だって、そのモヤ

モヤをヒト・モノ・環境のせいにせず「自分」にフォーカスしている。自分にしっかりベクトルを合わせているなら、変われる可能性は非常に高いです！

なので、そこから「だから、私はダメだ」ではなく、「じゃあ、どうすればいいの？」「今できることは何だろう？」と考えるクセをつけると、人生は変わり始めます。

それでも、「うまくいかないループに入ってしまい、なかなか変われないです」という人は、次の３つのポイントをクリアすれば、そのループから抜けることができます！

①　今の自分を1回受け入れてみる

「自分がキライ」と決めつけるのではなく、「じゃあ、どこのどんなところがダメ？」と具体的にしてみたり、善し悪しではなく「私はこういう人でこういうところがある」と一度棚卸しして自分の情報を集めることがとても大事です。自分が嫌いという人は、自分に関してのデータが不足していることが多いからです。

②　自分の心を整えメンタルを強化する

うまくいかない人は能力が低いのではなく、あきらめが早かったり、心の弱さが原因であることが多いです。心がザワザワしていると、自分の良い面をなかなか受け入れられないものなのです。だから心を整え、フラットな気持ちでいることはとても大事です！

③　自分の良いところを見逃さない

自分の良いところ10個言えますか？　今まで生きてきた中でほめられたこと、本当はたくさんあるハズ。なのに褒められても「そんなことない！」と即座に否定してしまう人は、自分の良さを受け入れないから、長所のデータベースに蓄積されない。だから、良いところを使えない「もったいない人」です。他者からのほめ言葉は必ず心の中にストックしておきましょう。

なんだか難しそうに感じますか？

でも、これ、自分の名前を書くだけで解決できるとしたら、ちょっとワクワクしませんか？

文字はもっと気楽に書いていい

欧米人で字をうまく書こうと思っている人は、ほとんどいないのではないでしょうか。サイン社会の彼らが字を書くとき大事にしているのは「見本のようなきれいな文字」より**自分らしくのびのびしていること**です。

字を見ただけで「あ、これはマイケルのサインだね」とわかってもらう必要があるので、自分をしっかり主張できる個性的なサインを書きます。それが個人主義の国の特徴でもあり、自己主張できる国民性の表れだと思います。

たかが文字、されど文字で、型通りにキレイに書くことにばかり価値を求めてしまうと、今後日本は世界から遅れをとってしまうのではと懸念します。大げさだと思いますか？でも、文字に関しての思いは学校教育が原点になっており、それは総じて国民の考えと言っても過言ではありません。「字はきれいに書くべき」と思いすぎると、個性やエネルギーが封印され、ユニークなアイディアやパワフルな企画や発想は生まれにくくなります。

文字はみんなもっと好きに書いていいし、書きたいように自己表現していいのです。念のためにいうと、書道そのものは素晴らしい日本の文化です。「道」とつくものは受け継がれてきた伝統があり、続いてきたことには意味があるからです。私が危惧しているのは、正解はこれという一つの「型」にはめようとする思考のことです。

漢字という素晴らしい伝統文化は世界からのあこがれです。それを時代に即した形で受け継いで、一人一人が自分を高めることに使ってほしい。それが結果として日本人の鋭い感性や誇りや活力になるように。

文字から「私は大事な人だ」と気づいてほしい

筆跡心理学では、文字の大きさは行動力を表すと考えられており、文字を大きく書ける人は外にエネルギーが向きやすい行動的なタイプと言われています。一方、小さな文字の人はエネルギーが内に向く傾向があると言われています。だから、行動力をつけたい、このままで終わりたくない！　と思う人には「デカ文字」をお勧めしています。

ここで勘違いしないでほしいのは、「小さな文字はダメ」ではありません。小さい文字を書く人は、でしゃばらず細かい気配りができるホテルマンのような仕事や、自分の内面にあるものに集中する小説家などに向いています。

大事なのは自分の良さ・魅力を知って受け入れ、それを伸ばすこと。でも、「もっと度胸をつけたい」「行動的になりたい」と思うなら、デカ文字を書く人の行動特性を意識して書いてみると、生き方をアップグレードすることができます。

このように今の自分を知って認め、さらに必要なものを字の書き方に取り入れ、脳のクセを変えて生き方を変えられるのが、筆跡心理学の面白くて素晴らしいところです。書き手が望む生き方を自分の手で簡単にデザインすることができるのです。

あなたが今書いている文字にはそう書いている「理由」があります。人と比べるのではなく、自分の個性を認めて生かして、そこに成功マインドを加えていくことで、あなたは本来の自分を生かしてパワーアップできます！　だから、自分を否定せず、自分のいいところを見つけてほしいです。

3日で人生が変わる、この本の使い方

この本では、まず自分の文字から自分の理解を深めていただき、次に個性的な文字をのびのびと書いている成功者の文字を参考にして自分の生き方に取り入れていきます。

ユニークな個性や才能を持っている人の文字には、周囲の目や評価より「私はこう思う（こうしたい！）」という強い意志が表れていますし、上手・下手というより自由に楽しく書かれているので魅力的で人を惹きつけるものがあります。あなたにもそういう文字を書いてほしい！

「キレイに書くよりのびのび書く」そう考えると字を書くのが楽しくなりますし、今の

自分を簡単に肯定できます。さらに書きグセの意味を理解して書くと、自分を輝かせることにつながります。

今は、「自分らしさが見つからない」「自分を否定してしまう」とお悩みの方がとても多いです。文字はそんなあなたを簡単に肯定できて、自信につながる素晴らしいツールなのです。

第3章から始める3日間のレッスンは、次のような内容です。

第3章　1日目：自分の文字を好きになれば3日で人生は変わる

自分の名前を大切にていねいに書くことで、内面（無意識）の自分を大事にすることができます。本来の自分が輝きだすと、人生の流れが変わります。

第4章　2日目：運気アップの成功マインドが作れる5つの書き方

骨太な自分になれる5つの文字の書きグセを自分の名前に取り入れて書くことで、人生に不測の事態が起きても最善の自分でいられるようになります。

第5章　3日目：成功者の書きグセを取り入れて望む未来を手に入れる

自分が欲しい・必要な魅力を持った成功者の生き方のクセを取り入れて、自分の脳にインストール。自分らしさに磨きをかけます！

文字はきれいに書くより楽しみながら書くものと思ってもらえたら、あなたの人生はもう良い方向に変わり始めています。

第1章

なぜ文字を書くと人生が変わるのか

文字にはあなたの生き方のクセが表れている

「書は心の画なり」という言葉があるように、筆跡心理学では、文字には以下の5つの要素が表れると言われています。

(1) 性格　(2) 考え方のクセ　(3) 行動パターン
(4) 深層心理　(5) 書いたときの心身の状態

だから、何気なく書いた文字を見せてもらうだけで、あなたのことがよくわかります。文字にはあなたが思うよりたくさんの情報が隠されているのです。

私たちは無意識のうちにいろいろな思いを込めて文字を書いているので、文字を見れば、書いたときの思いや健康状態・心理状態も伝わりますし、あなたの魅力や個性、気をつけるといいところもわかります。

でも、これは私があえて言わなくても、あなたも他者の文字を見て「この人はこんな性格なんじゃないか？」と想像したことがあるのではないでしょうか？

例えば、乱暴で雑に書かれた詫び状が届いたら「これで本当に悪いと思っているの？」

と腹立たしくなりますし、手書きで書かれた焼酎や日本酒のラベルを見て「このお酒はこだわって作っているんだろうな」「質が高くておいしそうだな」とイメージして購入したりしませんか？　また、党首討論会で政治家が書いた所信表明が小さくて筆圧の薄い文字だったら「この政治家、本当は自信がないんじゃないかな？　投票して大丈夫か？」と思うでしょう。

字を書く機会は減っても、私たちは手書きに込められたその人（モノ）のクセや思いを自然に受け取って生活しているのです。

また、筆跡心理学と聞くと「私は字が下手だからダメだ」と思う人がいますが、それは関係ありません！　筆跡心理学は書きグセを分析するもので、上手・下手は全く関係なく、きれいな文字だから良いという判断はしません。そんなこと言ったらお習字の先生や書道家さんは全員成功者になっちゃいますもんね！

自分の文字は好きですか？

私たちは子供の頃、教科書や学習教材・鉛筆やノートを使って文字を学びました。つまり、皆、同じような文字・フォントを見て文字を脳に記憶（インプット）させているのに、「文字を書く」というアウトプットに変わると、誰一人同じ形の文字になりません。これ、不思議だと思いませんか？

脳にインプット（記憶）された文字のイメージがアウトプットされると形が変わる、これはインプットされた情報に脳のクセが加わっているということです。脳のクセとは生き方のクセ（性格や考え方のクセなど）と筆跡心理学では考えています。だから、文字を見せてもらうとあなたのことがわかるのです。

文字は脳からの命令を、筋肉を通してアウトプットする「行動」の一つ。行動は思考（脳のクセ）のアウトプットなので、文字は今のあなたの生き方と言っても過言ではありません。だから、自分の文字が嫌いという人は、今の自分（の生き方）を受け入れていないのかもしれません。実際、自己肯定感が低い人は自分の文字を好きではないと言う人が多いです。ただ、このような人はたいていお手本や誰かの文字と自分の文字を比べて、きれいに書けない自分はダメだと思ったり、過去に家族や教師に傷つくことを言われた経験から自分の文字やうまく書けない自分を「ダメ」と判断していることが多いです。

自分の文字が嫌いということは、自分を否定し、かけがえのないあなたの個性をいい形で表現していないことになります。筆跡診断士の私から見ると個性的でステキな文字なのにすごくもったいない！

そもそも私たちは文字を「キレイ」「汚い」「うまい」「下手」の4カテゴリでしか表現しません。文字の書きグセはあなたの生き方のクセと考えたら、生き方を4カテゴリに簡単に分けてしまうなんてつまらないし、そんな単純なことじゃない！　と思いませんか？自分らしさや個性を大事にして、もっと今の自分を受け入れて、隠れた魅力や才能を使ってほしいです。

筆跡診断は、自分の内面と向き合い「見える化」できる貴重な機会です。目で見ることができるので自分を素直に客観視できて、今の自分を受け入れやすいツールです。

私は筆跡診断を6200人以上やってきて、「あなたの文字にこんな魅力があるのをご存知でしたか？」とお伝えし、反発されたことは一度もありません。みんな多少驚きながらも「ああ、確かにそうかも」「そうなんですね！」と共感してくれます。あなたにも筆跡診断で新しい自分を知って受け入れてほしい！

文字を見れば人生がうまくいかない理由がわかる

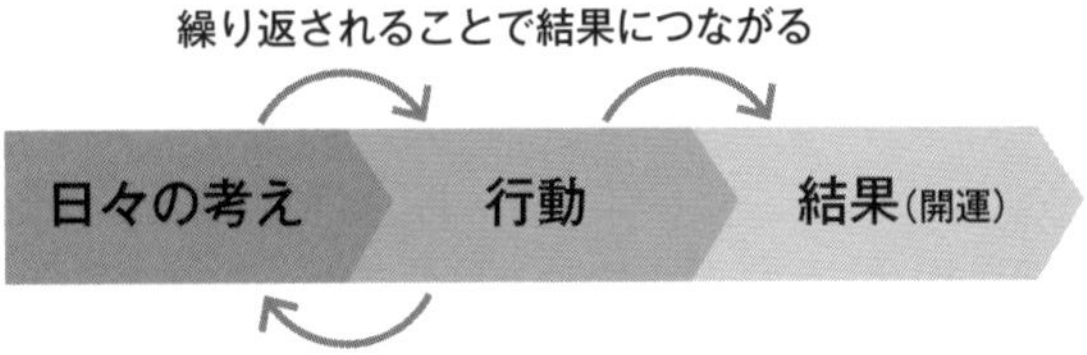

今、もし、あなたの人生が望んだ通りに動いていないとしたら、**筆跡心理学はその原因を突き止め、改善の方向に導くこともできます。**なぜなら、前述したように文字からはあなたの考え方のクセと行動パターンを見ることができるからです。

例えば「健康になりたい」と思っている人は、無意識のうちに健康に関する情報にアンテナを張って、良い食事や運動を取り入れたり、健康セミナーに行ったり、無意識のうちになんらかの「行動」を起こしているので、結果、健康を手に入れられる可能性が高いというように、考え方のクセは必ず行動に出て、結果につながっています。成功に偶然はないのです。

だから、あなたが今、望む現実を手に入れていないのなら、日々間違えた考え方のクセを一生懸命行動しているのかもしれません。

考え方のクセや行動パターンは、目で見ることはできないけれど、筆跡心理学を使えば可視化できるのでそこから生き方のクセを変える字を書いていけばいいのです。

「文字に生き方のクセや性格が出るのはわかるけど、字を変えて生き方が変わるのは疑問だ」と言う人がいます。

その疑問も当然です。ここからその疑問にお答えしますね。

一例を挙げると、筆跡心理学では「文字の大きな人は行動的な人」と考えられています。その理由は、行動的な人は「字を書く」という何気ない行動の時も、無意識のうちに、紙の中（自分の人生のステージ）で「堂々と書こう」「枠にとらわれたくない」「これから私はのびのびとどこでも動ける自分になるぞ！」などと考えるため、自然に大きな字を書く傾向があり、そこから「文字の大きな人は行動的な人」と診断します。

このように文字の書きグセは生き方のクセと考えられています。その意味を理解して、文字を書くことを通して自分の中にインストールすれば生き方が変わります。

文字で生き方を変えたいなら、手から筋肉に書き方のクセ（生き方のクセ）の命令を送り、そのイメージを脳にインストールすればいいのです。

生き方を変える文字を、手を通して筋肉から脳にインストールし、最初は字を書く時だけ意識していることが、違和感なく書けるようになると、字を書かない時でもその行動が自然に出るようになります（インストールが完了）。だから、筆跡心理学を学ぶと自分の理解が進み、望む未来を手に入れることができます。

でも、何も考えず書いては意味がありません。ただのおまじないになってしまいます。「自分の生き方を変えるぞ！」と意識しながら書くことが大事です。まずはだまされたと思ってやってみてください！

知ってほしい文字の効果効能：字を書くと脳トレになる⁉

ＩＴやＳＮＳの発展で字を書く機会が激減しています。それによって「漢字が書けなくなった」と感じる人は多いでしょう。なぜ書けなくなったのか、理由はわかりますか？

文字は脳からの指令による行動の一つです。私たちは文字を「目で見て」覚えたように錯覚しているのですが、実は「手で書いて」覚えているのです。子供の頃、背中に字を書いて「なんて書いた？」と当てる遊びをした人は多いと思いますが、あれは文字を見ていないのに答えることができますよね？

文字は指や腕の動きから脳に記憶させているからわかるのです。今は字を書かなくなり、その指先運動を行わないので脳に指令が送られなくなり、目で見る字は読めるけれど、手を使う文字が書けなくなってしまったのです。

さらに、字を書くときのペンの持ち方にも脳が関係しています。私は今の学生さんや若い方のペンの持ち方がとても気になるのですが、実はペンを持つときは、親指の腹を使うことが大事なのです。

カナダの脳神経外科医ペンフィールド氏の「体部位再現」は、親指がほかの指よりも大事であることを検証したものです。簡単に言うとこの図は、下から脳の働きに近い部位になり、舌、顔と続き、手については、他の４本の指よりも親指が近いのがわかります。

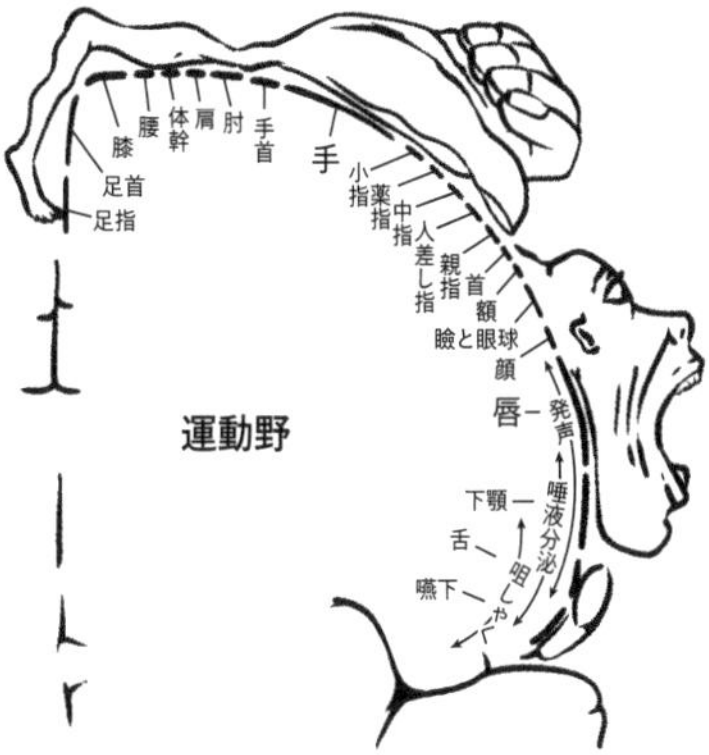

『脳科学辞典』
田岡 三希(独立行政法人理化学研究所 脳科学総合研究センター)

ペンを持つときに親指の腹を使って書くと大脳の運動野と言語野が刺激されると言われており、それは字を書くだけで脳トレをしているようなもの。

ですから、せっかく手書きをしているのにペンを正しく持たず、親指の腹を使わずに字を書くのはとてももったいないのです。正しいペンの持ち方や姿勢は第４章で詳しく解説しますね。

欧米人が驚異に感じる、漢字をたくさん書けるってすごいこと！

ところで、日本人は漢字を何文字くらい書けると思いますか？　漢和辞典に収録されている漢字は5000文字、一般的な成人が書ける文字の数は3500文字程度。書けない人でも2000文字と言われています。この数字、すごいと思いませんか？

それに比べてアルファベットは26文字。大文字小文字を入れてもたった52文字です。欧米人は日本人がこれだけの文字を書けることは驚異的と思っています。

我々日本人は漢字を構成している部首の役割とルールを知っているから、たいしたことではない感覚ですが、それでも数千の漢字を記憶して書けるのは、脳の働きが欧米の人より優れていることに他なりません。さらに、アルファベットと違い、漢字にはトメ・ハネ・ハライなど、微妙な指先の神経を使う書き方があります。

この使い方が自然にできることで日本人には特別な感性が生まれ、手先も器用なのではないかと私は思っています。

脳の発達や活性化、身体にも良く、芸術性や、情操・手先の器用さなどを育む、文字を書く効能は限りなくあります。情報社会の効率重視の世の中で手書きが廃《すた》れてしまうのはとても残念なことです。

今後、仕事の中で手書きを取り入れるのは難しくても、これからの「心」の時代、心を穏やかにし、自己肯定感を上げるツールとして手書き文字の新しい役割をもっともっと知っていただきたいし、自分の心を整えるお守りのようなものとして継承してほしいと考えています。

文字を書くことは健康にいい

意外と知られていないことですが、字を書くことは身体に良いのです。その証拠に歴代の書道家は総じて長生きの傾向があります。

王羲之《おうぎし》（西暦303年―西暦361年）は享年58歳。
欧陽詢《おうようじゅん》（西暦557年―西暦641年）は享年84歳。
虞世南《ぐせいなん》（西暦558年―西暦638年）は享年80歳。
顔真卿《がんしんけい》（西暦709年―西暦785年）は享年76歳。
柳公権《りゅうこうけん》（西暦778年―西暦865年）は享年87歳。

この時代からすれば驚異的な長生きだったと言えます。

現代では、2021年に亡くなられた書家の篠田《しのだ》桃紅《とうこう》さんは107歳でしたし、インターネットで「書家は長生き」で検索すると、90歳を超えてまだ現役で書道教室を開いている方が何名もいらっしゃいます。なぜ長生きなのでしょうか。

書道は、美意識はもちろん、大変な集中力を必要とします。そして、体力や気力も意外に必要です。それらをすべて研ぎ澄ませていると、肉体はもちろん、脳もなかなか衰えないのだと思われます。その他に、墨をすったり、半紙と文鎮をセットする、筆をとるといった「間」を伴う振る舞いがイチローさんがバッターボックスに入る前のルーティンと同じように脳に良いという説もあります。

さらに、書道家は姿勢がいい。これも身体に良いといわれています。猫背の書道家さんって見たことないですよね。

今は筆記用具が優れているからどんな姿勢でも楽に字が書けるし、スマホを持つときも猫背になっている人が多いです。背骨が曲がると呼吸をしても酸素が深く身体に入っていきません。すると、体内は酸欠状態になって血流も悪くなり、脳にも酸素が足りなくなるので集中力が切れやすくなります。一方で、背骨をまっすぐにして字を書くと、酸素が入りやすくなり、脳にも血液が届きやすくなるので、集中力が続くといわれています。

弊社では講座や個別診断に来た人に字を書いている姿を写真に撮ってお見せすることがあります。すると自分のあまりの姿勢の悪さに驚き、すぐに姿勢を正して字を書いてくれます。

そして書き終えたとき、「スッキリした」「すがすがしい気分」と言ってくれる人が多いです。書道家が凛とした姿勢で字を書いているのは単に美しさだけでなく、身体にも良いからなのです。

でも、日常生活の中でこのような環境を作るのはなかなか難しいですよね。なので、**第2章**では超簡単に心が整う、字を書く環境の作り方についてもお伝えしています！

うまくいく人の書きグセを脳にインストールする

第4章〜5章では、**成功している人の文字をいくつかピックアップして、なぜその人がうまくいっているのかを分析しています。**

第4章では、あなたを骨太にするために成功者に共通している文字の特徴をお伝えし、第5〜6章では、個性的な文字を実際に見ながらその成功・失敗理由を探ります。

成功者の文字にはうまくいっている理由があります。だから、あなたの文字にも同じ特徴があったら、あなたにもその魅力があるということ。それを伸ばしていけば自分を高めることができます。

でも、その特徴が自分の文字になくてもがっかりしないでください。その書きグセを取り入れて書くことで、あなたはその生き方を脳にインストールできます。

新しい書き方を取り入れたとき、

①普段はその書き方をしないけど、書いてみたら違和感がなかったのなら、その要素はあなたの潜在能力にあることを表しています。だから少し意識すればすぐに顕在化するでしょう。

②書いて違和感があったなら、残念ながらあなたはこの要素を持っていないことになります。でも、大丈夫！　無意識になるまで書いてクセづければいいのです！

そして、いずれの場合も、その特徴を取り入れて書き続けることで、成功者の生き方のクセが脳にインストールされ、無意識領域まで浸透すると、文字を書かない時でも生き方のクセになり、日常行動に現れるようになります。このポイントはとても大切なことなのでこの後も何度か出てきますが、頭の中に入れておいてくださいね。

第2章

3日で人生を変えるための準備

ここから3日間にわたって自分を高めるレッスンをしていただくのですが、始める前に知っておいてほしいことと準備についてお伝えします。簡単ですが、自分を高める上でとても大事なことなので覚えておいてくださいね。

その前に、少しだけ私の話をさせてください。

人生を変えたいと悩む日々

かつて、私は「私のような何もできない人間は、誰かに頼って生きた方がいい」と思っていたので、22歳で早々に結婚しました。しかし、なぜか夫に依存すると不完全燃焼になり、イライラモヤモヤしてしまい、夫婦仲がうまくいかず離婚しました。

そして、36歳で「これからは人に頼らずに自分で仕事を頑張ろう！」と自分に自立心があったことに遅ればせながら気づきました。

その後、数年間は面白いように仕事が増えていきましたが、5～6年経つと、また違う壁にぶち当たります。「仕事をもっと頑張りたい！　売り上げを伸ばしたい！　幸せになりたい！」そう思って自分なりにいろいろな挑戦をしているのに結果は思ったほど伸びず、いつも堂々巡りしてしまう。

林の文字の変遷

①筆跡を学び始めた日　②１年後の文字　③現在（2023年）の文字

そんな時筆跡心理学に出合い、文字に自分の弱さの元を見つけることができて「これならすぐ直せる！」と思ったのです。

私がどうやって文字で人生を変えたかというと、「はじめに」でも書いた通り、私は心配性で不安になるとすぐに感情的になるのが弱みでした。でも、弱みはわかってもどうやってそれを直すのかはわかりませんでした。

①の文字を見ていただくと、文字がまっすぐでなく揺らいでいるのがわかります。これは筆跡心理学では気持ちの揺らぎと見ます。当時、私はいかにも自信なさげな自分の字が嫌いでした。

でも筆跡診断で、この揺らぎ線は弱い自分の気持ちを表していることがわかって納得しました。気持ちが揺らぐから迷ってしまい腰を据えられず、自信なさげな（筆圧や線の弱い）文字になる。「じゃあ、まっすぐに書けばいいんだ！」どこがダメなのかわからず何年間も悩んでいたのに、簡単に解決策が見つかってワクワクしました。

私はまず、**鉛筆で下書き中心線を引いてまっすぐに書く練習をして、文字の中心はどこなのかを覚えることで、自分の体感を整える感覚を身につけることにしました。**

さらに、心配性の私は「できなかったらどうしよう」とすぐに考えて、なかなか未開拓の領域に踏み出すことができなかったので、行動力とパワーをつけるために「デカ文字」を意識することにしました。筆跡心理学では文字の大きさは行動力を表すからです。

実は、大きな文字を書くことは昔から好きで、子供の頃はノートの表紙や年賀状の文字が大きくて、よく周囲に笑われていたのです。そこで、その頃の気持ちを思い出しながら書くと、本当に気持ちよくすっきりして、「よーし頑張るぞ！」「なかなか私の文字いいじゃん！」と力がみなぎってきたのです。そこから気持ちが変化してきました。

さらに、自分の感覚・感性をより表現し、気持ちよく書ける筆記用具にもこだわりはじめ、柔らかく滑らかに書ける鉛筆や、気持ちよく書ける下敷きを集め、ついには、オリジナルの文房具を作ることにまで挑戦しました。

「あ〜、気持ちいい！」と感じられるものを持つことは心を整えるために必要だからです。

弊社の受講生も「これいいですよねー」「子供が気に入って取られちゃいました」と喜んでもらっています。

筆跡診断と筆跡鑑定の違いご存じですか？

筆跡診断という言葉は聞いたことがなくても、筆跡鑑定という言葉は耳にしたことがあるのではないでしょうか？

筆跡鑑定とは、複数の筆跡から同一人物が書いたかを判別するものです。用途としては、犯罪捜査や遺書の鑑定、最近では学校でのいじめのいたずら書きの鑑定などがあります。

一方で、筆跡診断とは、書かれた文字の特徴から、その人の性格や考え方のクセなどを分析するもの。筆跡鑑定は複数の筆跡が必要なのに対し、筆跡診断は１つの筆跡でも行えるところが違います。

実は欧米では筆跡診断は割と知られた職業らしいですが、日本の筆跡診断は、まだまだサブカルチャーの域を出ておりません。日本で筆跡診断のもとを作ったのは、警視庁の嘱託筆跡鑑定人で書道家の森岡恒舟《もりおかこうしゅう》先生といわれています。

ですので、筆跡診断は筆跡鑑定の流れから派生したもので、似て非なるものではありますが、根本の考え方は犯罪捜査などにも使われるものであることからも、筆跡診断は占いやおまじないではないことがわかります。

たかが線の組み合わせ、でも文字になると言霊になる

いつも書いている文字なのに「今日はいい字が書けるな」と思う日とそうでない日があったり、心が荒れている日の文字は雑になったり、好きな人の名前を書くとドキドキしたり、その時々で文字に変化が生まれるのは誰もが経験していることだと思います。

しかし、よく考えれば文字はただの線の組み合わせ、単体では意味のないものなのに、文字になると「思い（言霊《ことだま》）」が入る。

例えば、「好き」と書いたらそれだけでドキドキするし、「死ね」と書いただけで緊張が走ります。それは、私たちが無意識のうちに文字に思いを込めて書いている証拠です。

文字とは脳からの指令を、筋肉を通して指からアウトプットする「行動」の一つです。だから、脳の影響を多分に受けるのです。占いやおまじないではなく、Oリングテストのように筋反射に近いものがあります。

さらに、文字を構成している線一本一本にも意味があり（例えば、ハネをしっかり書く

人は粘り強いなど)、そこから書きグセが生まれます。筆跡心理学はそのような線の特徴と、その人の文字に対する思い（言霊）から、書き手の性格や考え方のクセを分析していくものです。

だから文字を見ると、書き手の心情や考えていることがわかるのです。最も分析しやすい文字は自分の名前です。

名前は一番書く頻度が高く、自分にとって最も思いのこもる文字だからです。自分で書いた名前にはあなたの生きざまが表れるといっても過言ではありません。

あっという間に書き終わるので気がつかないけど、私たちは自分の名前を書いているとき、無意識に自分のことをイメージしています。

だから、自己肯定感が低い人や、自分の文字がキライという人の文字は小さく、細い線で紙の端に寄っていたり、筆圧が弱かったりすることが多く、反対に自己肯定感の高い人が書く名前は、大きくて筆圧が強く紙の真ん中に堂々と書かれることが多いのです。

普段どんなことを考えて文字を書いていますか？

あなたは文字を書くとき、どんなことを意識しますか？

生き方のクセには、書いたあなたも気づいていない無意識のクセが表れています。「見やすく書くことを心がけている」のなら、周りに気遣いをする人ですし、「キレイな字と言われたい」のであれば、褒められる人でありたい。「好きに書きたい！」のであれば、自由を求めている人、これらはすべてあなたの生き方のクセです。

筆跡心理学は、文字の線一本一本に表れる書き方のクセ（生き方のクセ）を分析するものなので、字の上手・下手は全く関係ありません。

さらに、私がお伝えしている林式 匠の筆跡心理学は、文字からあなたのかけがえのない魅力・才能を見つけ出し、あなたの人生がさらに好転する書き方をアドバイスするメソッドになります。

何度もお伝えしていますが、自分の字がキライという人は、自分の長所を知らなかったり、認めていないことが多いです。日本の教育は「字はきれいに書くべき」という教えがあり（それは素晴らしいことですが）、一方で個性をなくすことにもなって私は残念に思っています。

文字の書きグセはあなたの貴重な個性なのに、字がきれいでない自分はダメだと思い、個性や魅力を出せないどころか自己肯定感まで下げている人が結構います。特にまじめで大人になって自分探しをしている人に多いです。

あなたはどうですか？　名前を書くときポジティブな気持ちで書いていますか？　どうせ字を書くなら、かけがえのない自分の魅力や才能を見つけて伸ばしてみたくないですか？

書く前にインプットしておきたい３つのマインドセット

この本でお伝えする３日間のレッスンは超簡単！　自分の名前をある方法で書くだけ！　でも、ただ書けばいいわけではありません。名前を書くという「行動」を通して、あなたを高めていくわけですから、今までと違うことを意識する必要があります。そこでレッスンに入る前に、以下の３つのポイントを頭に入れておいてください。

⑴　字を書くのではなく生き方をイメージして書く

字を書くこととは、脳からの指令を腕の筋肉を通して指からアウトプットする「行動」の一つ。なので、私たちは無意識に脳から送られてきた命令を遂行ながら文字を書いています。この「無意識」がネック！　無意識にネガティブ思考で書いていると、逆効果になってしまいます。

なので、「私はこうなるぞ！」と理想の生き方をイメージして書くことで、ポジティブな気持ちで字を書くことができます。前向きな気持ちで書くことで、線の濃さや滑らかさや勢い、そして何と言っても書き心地が変わり、スカッとするので気持ちが整います。

(2) 大事なのは字の上手・下手ではなく、脳を喜ばせること

字を書くというと、どうしても「ここが下手だ」「バランスが悪い」などと形について意識してしまいがち。でも、ここではそんなことはどうでもいいのです。

それよりも(1)で書いたように理想の自分の生き方をイメージして字を書き「気持ちいい！」「書き心地がいい」と感じてみてください。それができたら脳が喜んでいる証拠。脳が喜べば筋肉もリラックスするので、心身ともにスムーズに動けます。

脳は正直。だから、不快感があるとすぐに筋肉を緊張させ、線がぎこちなくなり、筆圧は薄くなり、文字が小さくなり、如実に文字に表れます。

脳は「不快」より「快」を求めています。字を書くって小さな行動だから、脳が不快を感じて多少文字が乱れたり書きにくくても、つい見過ごしてしまいがち。

でも、書き心地に敏感になって、脳のコンディションに気をつけることができたら、い

つも心地よい状態でいられるので自分の成長スピードが加速します！

(3) ダメ出し・否定しない、人と比べない

文字は誰もが書くし目に見えるから、つい、「私はあの人みたいに書けない」「あんなきれいな字が書けるようになりたい」「やっぱり私の文字はダメだ」と、人と比べてしまいがち。でも、そんなこと意味がないです！

何度も言ってきたように、文字の書きグセはあなたの生き方のクセ。そこには個性や才能が隠されています。悪筆・癖字はその人の生き方の個性、筆跡診断士の私から見たらステキな魅力を持った字であることが多いのです。

むしろ、成功者には悪筆・癖字の人が多いんです。それは自分の個性を良い方向に伸ばした結果。自分の個性を存分に使って、他の人ができないことに挑戦したから成功者になれたのです。だから、文字は人と比べなくていいし、きれいな文字が書けなくても全く気にしなくていいんです。

ただ、健全度は大事です。気持ちや身体に不調があると出やすい文字の特徴を第６章でお伝えしますね。

人生を変えるための準備

用意するものは紙とペンですが、人生を変えるための準備です。何でもいいというわけではありません。自分のために良い環境を整えてくださいね。

①　紙

Ａ４サイズのコピー用紙、ノート、スケッチブックなど、滑らかに書けて引っかかりの少ない紙をご用意ください。あまりにも小さい紙だと効果を感じにくいので、なるべく**大きめの紙を**ご用意ください。

キレイな紙がもったいないと思うならチラシや新聞紙でもＯＫです。

※罫線がついていないフリーの紙がおススメです。

②　ペン

マジックやサインペンなど、筆圧をかけても気持ちよく書ける書き心地の良いものをご用意ください。Ｂ２以上の滑らかに書ける鉛筆もおススメです。

※シャープペンなど筆圧をかけると折れてしまうような筆記用具はＮＧです。

③　下敷き

紙はテーブルの上で紙１枚の状態で書くよりも、柔らかい下敷きを使うと、自分の筆圧を感じ、程よい柔らかさで気持ちよく書くことができます。

※下敷きがなかったら紙を重ねて置いてもＯＫです。

④　ゆったり文字を書ける環境

自分を高めるレッスンですので、ゆったりと字を書ける静かな場所、広めの机の上で書いてください。周りに人がいて気が散る場所や車の中など、狭かったり、下が平らでない場所で字を書くとストレスになって、効果を感じにくくなります。１回のレッスンは５～10分くらいで済みますので、ゆったりした気分になれるお気に入りの広い場所・環境で行ってください。

第３章

1日目：自分の文字を好きになれば3日で人生は変わる

ここから実際に名前を書いて3日で人生を変える方法についてお伝えしていきます！　書くための準備はよろしいですか？　まだの方は、**第2章　人生を変えるための準備**に戻ってチェックしてくださいね。

1日目は、自分の名前を書くだけで自己肯定感を上げる方法です。自己肯定感を上げると聞いて「難しそう」と思うなら「ご機嫌になれる方法」と考えてみて下さい。やり方は超簡単で誰でもできます。でも、静かなゆったりした場所で取り組んでいただくと効果が高いので、ぜひ環境も整えてからチャレンジしてくださいね。このチャレンジの所要時間は5〜10分間程度です。短い時間ですが大事な時間、自分を大切に濃密な時間にして下さい。

自分の名前をいつも通り書いてみましょう！

A4サイズのコピー用紙なら、半分に折ってA5サイズにして、そこに**自分のフルネーム（苗字と名前）を縦書きで**書いてみてください。ノートの方は見開き右ページに書きましょう。

文字の上手・下手は関係ありませんので、気負わずにいつも通りに書きましょう。

田中貴子

「え～、縦書き?!　苦手！」と思いました？　でも、縦書きで書くのは意味があります。今は横書きが主流ですが、日本語はもともと縦に書くものでした。なので、文字（物事）の流れは上から下に流れると考えられています。

　だから縦に書くと気持ちの流れやバランスがわかりやすい、あなたの心理状態を読み解きやすい方向なのです。曲がっても、うねっても、バランスが悪くても気にせず書きましょう。

　書きグセには全て意味があり理由がわかると、縦書きが楽しくなってくるかもしれません。

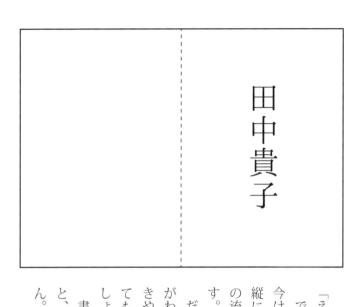

20年前の私の書

筆跡診断士になったつもりで分析開始！

書けたら紙を手に取って、目線の高さにあげて眺めてみてください。

そして、この文字はあなたが書いた字なのだけど、全然知らない人が書いたと思って、次のことを考えてみてください。

「この文字を書いた人は元気そうですか？」

「この人は活発そうですか？」

「この人はゆとりや余裕がありそうですか？」

「やる気や情熱は感じられますか？」

難しいかな？

では、20年前の私の文字でチェックしてみ

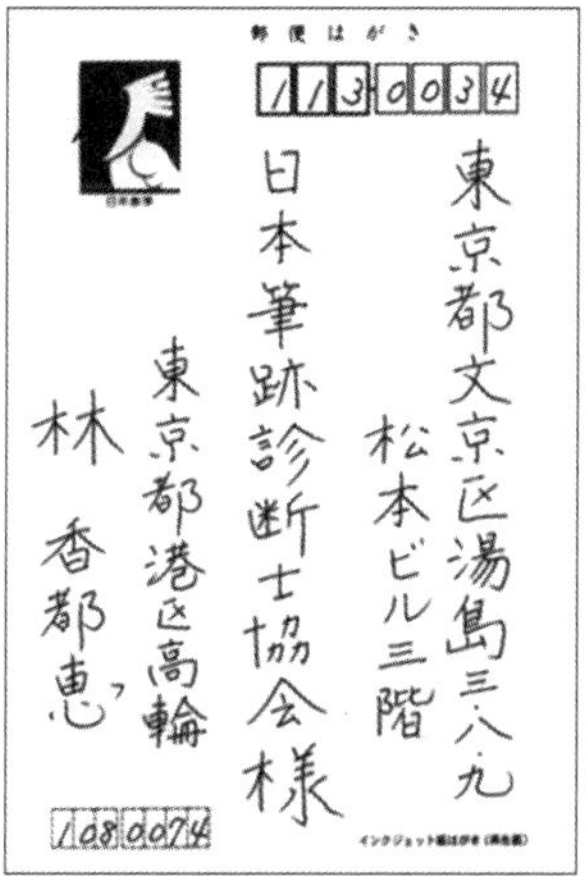

１年後の私の書

てください。

この人元気そうでしょうか？　活発そう？　情熱ありそう？

「う〜ん、どうだろう…」ですよね？

では、1年後の私の文字と見比べてください

こちらの人の方が落ち着いていてエネルギーもありそうな感じはしませんか？

筆跡心理学では、この文字が好きとか嫌いとか、うまい・下手は関係ありません。**パッと見た印象でこの人が元気なのか、心のコンディションは良いのかをまず見ていきます。**能力や才能も大事だけど、まず、その人が元気でやる気や情熱があるかを見るのは一番大事なことだからです。

では、さらにわかりやすい事例で、この方の文字を見てみましょう。

これは、２０２２年に亡くなられた安倍晋三氏の書です。

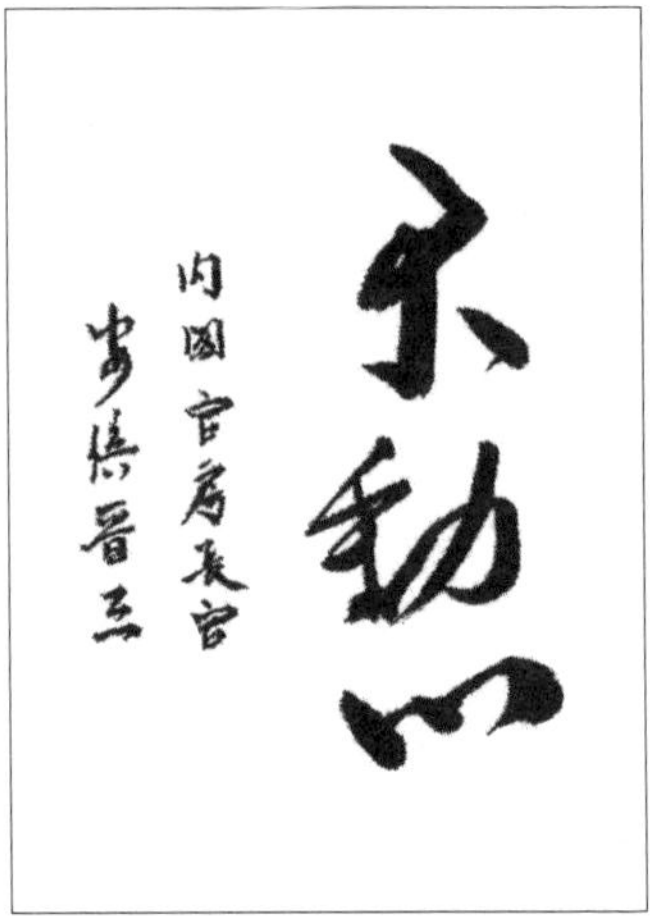

2006年の安倍氏の書

2012年の安倍氏の書

上の書は、２００６年に安倍氏が初めて自民党の総裁選に出馬された時の書です。何となく元気がないように見えませんか？

こぢんまり収まっているような。実際、第１次安倍内閣は安倍氏の体調不良により短命に終わりました。

下は、２０１２年11月に書かれた安倍氏の直筆色紙です。この時、自民党は下野していましたが、この翌月の総選挙で大勝し、安倍氏の長期政権が始まります。

この２つの文字を比べてみると、２０１２年の安倍氏にエネルギーややる気や勢いがみなぎっているのがわかります。特に名前の大きさや書き方などを比べると、安倍氏の自信やポテンシャルが上がっているのがわかります。

このように何気なく書いている文字には、書いた人の思いや状態が如実に表れています。

では、改めて自分の文字をチェックしてください。ピンとこない場合は、壁に貼って離れて見たり距離を置いて見ると「自分を客観視」できます。

まずは自分のコンディションがどんな状態かチェックしてみてください。よくわからない時は、「この人は元気そうかな？」と思いながら、筆圧や線の濃さ、なめらかさ、太さ、勢いなどをじっくり眺めてみてください。

人生が変わる名前の書き方のコツ

人生を変えるためにまず必要なことは、キレイな字を書くより、**あなたが元気で心のコンディションが整っている、いい状態であること**です。そのために覚えてほしいコツをお伝えします。

(1) 文字を書くのではなく、生き方を書く

キレイに書くより、気持ちよく書いて脳を喜ばせることを意識してください。実は、自分の名前を書いているときは無意識のうちに自分のことを考えて書いています。だからこそ、「ちゃんと書かなきゃ!」「キレイに書いて褒められなくちゃ」と、自分にプレッシャーをかけるのではなく、「私はこれからのびのび自由に生きるぞ!」「私はいつも元気だ!」などと、自分のポジティブな生き方をイメージして書くのがおススメです。

(2) 「ゆっくり・ていねいに大きく・力強く」書く この4つのキーワードは大事な意味を持っています。

あなたは普段、自分の名前を大事に書いていますか? 雑に書いていませんか? **名前はあなたそのもの。ゆっくりと呼吸を整え、自分と向き合うつもりで書きましょう。**かけた時間は自分の内面と向き合っている時間、ゆっくり書けば書くほど本質のあなたが癒されて輝きます。ていねいに書くことはあなた自身を大切に扱うことにつながります。普段ササっと書くクセがついているなら、自分を雑に扱っているのかも。自分自身を労い

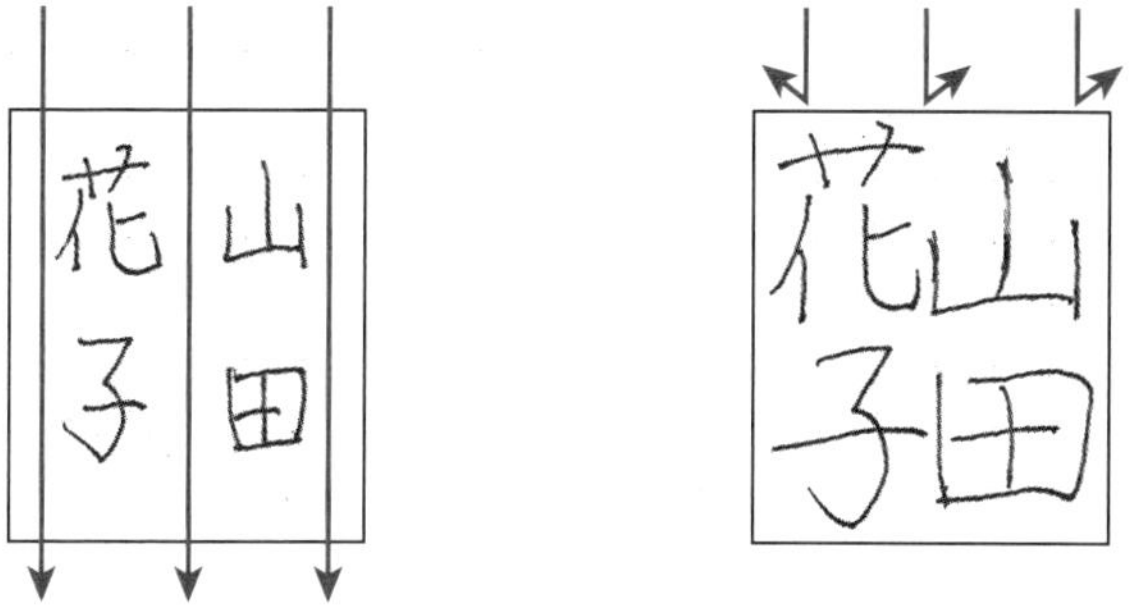

遠慮していると
チャンスを逃すかも…

チャンスや出会いに
ぶつかりやすい

ながら一画一画をていねいに書いてみてください。

(3) 大きく・力強く書く

自分を変えたい、もっと成長したいと思うなら、「行動」は必須ですよね。でも、実生活ではなかなか難しい。

筆跡心理学では文字の大きさは行動力を表します。紙の大きさは自分の人生のステージの大きさ、そして、出会いやチャンスは上から降ってくると考えられています。紙の中で大きな文字を書く（たくさん動いている）と、上から落ちてきた出会いやチャンスにぶつかりやすくなります。だから行動的な人は人脈や仕事のオファーをもらえる機会が増え、人生をうまく渡っていける可能性が高まります。

これはお習字のレッスンではなく、自分を高めるレッスンなので、バランスや配字のバランスは考えなくてよいです。それよりも度胸をつけて新しい自分に出会うぞ！　とイメージしながら、ワクワクする未来の自分をイメージして書いてください。

思いきって書いてみると「こんな風に書いていいんだ！」「なんだか気持ちいい！」「今までだったら怖くてできなかったこともできそうな気がする！」と言ってくれる人が多いです。

力強さとは、まさに自分の持っているパワーのことです。**これからの自分の生き方をイメージしながら、名前を書くと、自然に力強い文字が書けます。**筆圧が弱くなる人はいないのではないでしょうか？　力強さとは力むことではなく、自然にみなぎってくる自分のパワーを感じるということです。

たとえば、「私は強い！」とイメージしながら「強」と書いたら、漢字が本来持つパワーも加わるので、弱々しい文字にはならないですよね？　自然に筆圧も強くなり、自分のエネルギーを感じられます。自分の生き方をイメージしながら名前を力強く書くことで、同じようにタフな自分をイメージすることができます。

実は自分の名前の苗字と名前のバランスにも書いた人の生き方が表れています。苗字が大きく名前を小さく書く人は、苗字（家族・組織）を大事にする傾向があり、名前（個人）が大きい人は自分を大事にできていることが多いです。

以前、地方の大きなホテルの40代の女性経営者に名前を書いていただいたところ、苗字が極端に大きくて、自分の名前がとても小さく筆圧も弱かったのです。そこで、苗字と名前の大きさの意味を説明したところ、嫁いで10年目に社長であるご主人が亡くなり、急遽自分が跡を継ぐことになって、以降は家族や社員を守るためホテル経営のことだけを考えてきたとのこと。

そこで「その意欲は大変ご立派ですが、自分を大事になさらないと疲弊してしまいます。経営者は自分のコンディションをまず最優先に考えて、どんな時でも最善の自分でいられるよう、お名前を大事に書いてあげてください」とお伝えしたら、「そんな風に考えていいんですね。とても気持ちが楽になりました」と涙されたことがありました。

また、気力ややる気に満ちている人の文字は、下に行くほど大きくなることが多いです。苗字（家・家族・組織など、あなたの所属）も大事ですが、あなたご自身を表す名前はしっかりと大きく書いてほしいです。

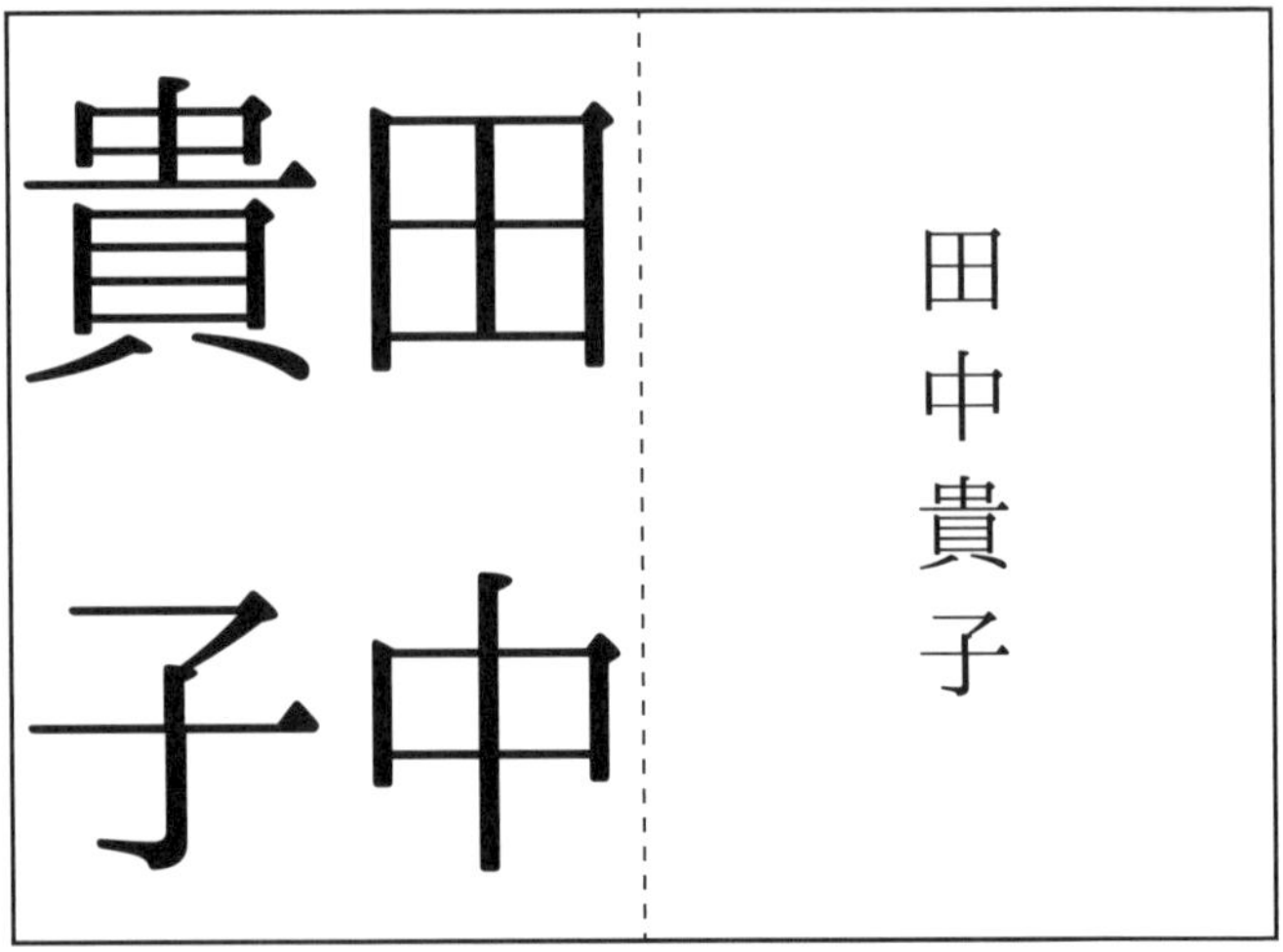

もう一度自分の名前を書いてみましょう！

先ほど書いたＡ４サイズの紙の左側に、**自分の名前をフルネームで2行に書きましょう。**

余白はいりません。「これからチャンスや出会いをたくさんつかみ自分の人生を堪能しながらのびのび生きていくぞ！」と思いながら、ゆっくりとていねいに、めいっぱい大きく、力強く書いてみてください。

「大きく書かなきゃ」と思うとつらくなります。バランスも考えなくていいです。幼少期に返ったような、または新しい自分に出会うつもりで、とにかく楽しい気分でニヤニヤしながら自由にのびのびと書いてみてください。

気持ちよく書けたらそれでOK！

書き終えたら紙を手に取って、1回目に書いた文字と2回目に書いた文字を見比べてみてください。単純に文字が大きくなっただけでなく、線の伸びやかさ、勢い、濃さ、そして何と言っても書き心地が良く「2回目に書いた文字の方がいいな！」と思えたなら、あなたの心はもう整っています。

なぜなら、**書きグセは生き方のクセ。文字を認めたということは、それを書いたあなたの生き方を認めたということになるからです。**

名前を大事に書くことは**カタルシス効果**（精神医学や心理学で心の緊張を解く治療方法として採り入れられている言葉で、心の中にあるモヤモヤなどのネガティブな感情を解放して、すっきりさせる効果）があると私は思っており、実際、「こんなに大きく名前書いたの初めて！」「でも気持ちいい〜！」「元気が出ました」「なんか笑っちゃいますね」と言ってくれる人がとても多いです。あなたはいかがですか？

名前を書いてすっきりできたなら、もし誰かに面倒くさい仕事を頼まれても、心から「あ、それくらいいいですよ！」と快諾できそうな気がしませんか？

それは心が鷹揚になっているということです。弊社の講座では、「逆に〝いやです！〟ってはっきり断れそうな気がします」と言う人もいます。そのような人は、普段、頼まれたら断れずストレスをためやすい人なので、スパッと断れるのもいいことです。

たったこれだけで、無理をしない「素」の自分が輝き始めているのです。雰囲気や発するエネルギーがすでに変わり始めているので、「最近いいことあった？」と言われたり、仕事でも重要なオファーが来るようになったという人が多いのです。

もっと書きたい！　何回書けばいいの？

このワークをすると「もっと書きたい！」「もっと大きく書きたいから紙が足りない！」とおっしゃる人が多いです。ぜひぜひたくさん書いて、紙のサイズもどんどん大きくしてみてください。それだけ本音の自分が活発に動き出し、自分のステージが大きくなっている、行動力もついてきているということです。

私が以前、名前を書くご指導をさせていただいた企業では、社員さんが全員朝礼の代わりに5分間、私が一人ひとり面談し、その人のために作ったお見本を見ながら名前を書く時間を取っていました。

最初「Ａ4サイズに書けばいいですよ」と言ったのに、皆さん楽しくなってどんどん紙が大きくなり、最後にはＡ３サイズに自分の名前を立派に書いてくださっていました。社員さんに「飽きませんか？」と聞いてみたら、「四字熟語を毎日書けと言われたら飽きるけど、自分の名前は自分がどんどん変化・成長しているようで全然飽きません。むしろ、現場直行で名前が書けない日は気持ちが悪いほどです。朝もイライラしなくなりました！」と言ってくださいました。その会社はどんどん発展し、社員さんも年々増えていきました。

ご自宅でやる場合なら、失敗しても怖くない新聞紙やチラシなどに太いマジックで書くと気持ちがいいし、もったいないとも思わず、緊張もしないのでのびやかに書けますよ。好きなだけ自分の名前を書いて楽しんでください。ただ、思いを込めてゆっくりとていねいに書いてほしいので、1回のレッスンは5〜10分、またはゆっくり1〜2回書けば十分です。「気持ちいい！」「いい感じに書けた」と思えたらそれで終了してＯＫです。

雑にたくさん書くよりも、思いを込めて1回ていねいに書く方が、ずっと効果が高いです。楽しみながら**一文字入魂**で書いてサクッと終える、それを毎日少しずつ続けると自分の変化・成長を感じやすくなり、結果良いコンディションがキープできます。

私がコンサルをさせてもらっていた企業の社長は、毎朝、誰もいないオフィスで1回だけ自分の名前をていねいに時間をかけて書いて、「よし！　これで今日も頑張れる！」と気合を入れているとおっしゃっていました。

毎日でなくても折に触れ自分の名前を書く時間を取るのは良い習慣です。ずっと続けてもらいたいので、負担にならないペースで続けてみてください！

いつやるの？　朝と寝る前がおススメ

書くタイミングもお好きなときでいいのですが、**朝と寝る前に1～2回書くのがおススメです。**

朝起きたときは「今日も頑張るぞ！」と思いながら、寝るときは「今日もお疲れさま！」と自分を労いながら、その日1日をリセットするつもりで書いてみてください。

ご主人が脳出血で倒れ、この先どうなるか不安でたまらないとき、毎日、ご主人の名前をゆっくり・ていねいに・大きく・力強く書いて「きっと大丈夫」と思ってから床に就いていたという女性は、そのとき夫の名前を書くことが心の支えになったと言ってくれました。大切な人のために書くのもおススメです。

日中、イヤなことがあったとき、自分の机で名前を書いて気持ちを落ち着かせる人もいますし、字を書く環境がなかったら、トイレなどでエアーで書くだけでも効果を感じていただけます。

そのときも、「字を書くのではなく生き方を書く」「ゆっくりとていねいに」「大きく、力強く」はお忘れなく！

《1日目のまとめ》

・自分の名前を、思いを込めて、ゆっくりとていねいに大きく力強く書く
・大事に書けば書くほど、自分を大事にできて、ご機嫌モードになれる
・きれいに書くより気持ちよく書く
・朝と晩にゆっくり1回ずつ書いてみる。紙とペンがなかったらエアーでもＯＫ！
・**書くことで「スッキリした！」「気持ちよかった！」と思えたら1日目のレッスンは合格！**
・**自分を高めたいなら、いつもご機嫌マインドでいることが大事**

第４章

2日目：運気アップの成功マインドが作れる5つの書き方

1日目のワークで自己肯定感を上げスカッとしていただいたところで、2日目は、骨太な成功マインドが作れる文字の書き方についてお伝えしていきます！

なぜ1日目で自己肯定感を上げてもらったかというと、自分を受け入れ、心の状態を整えておかないと、「どうせ私は無理」「私はあれもこれもできないし」と自分を否定して、良い情報がスルッと入ってこないからです。

自己変革をしたいなら、ご機嫌マインドでいることは必須条件です。ご機嫌マインドになると自分を受け入れられるので、本来持っている自分の良さを生かせるようになります。そこに2日目の骨太成功マインドをプラスしていくことで、あなたらしさを生かしながら、より自分を高めていくことができます。

2日目のレッスンは、私が今まで6200人以上の診断をしてわかった、運気が良い人が持っている書きグセを5つお教えします。すでにあなたが持っている書きグセもあるかもしれませんが、人生を高めるうえで大事な要素ばかりなので、ぜひ自分の名前の書き方に取り入れてみてください。

運気アップの成功マインドが作れる5つの書き方

では、ここから実際に成功者に多い書きグセベスト5をお教えします！

ここからお伝えしていく5つの書きグセを自分の名前に取り入れて書いてみてください。

自分の名前にその筆跡特徴がない場合は、その文字が入っている自分の住所など身近な文字を書いて練習してみてください。

【成功マインド1】　デカ文字を書く：行動力と度胸が身につく

デカ文字で書くメリットは1日目でもお伝えしましたが、大事なのでもう一度書きます。

筆跡心理学では、文字の大きさは行動力を表しています。行動力を上げて活発になりたいなら、デカ文字を意識して書いてください。成功している人はみんな行動的です。

時々「どうして字を大きく書かないといけないのかわからないです」とおっしゃる人がいます。生活に変化を求めていないなら、無理して大きく書かなくてOKです！

でも、「何かやりたいのに一歩踏み出せない」「勇気が出ない」「自信がない」と思っているなら、少しずつでいいから文字を大きく書いて、自分の行動範囲を広げていくのはおススメです。

いきなり動くことは難しくても、文字からなら簡単ですし、それに、なんといっても

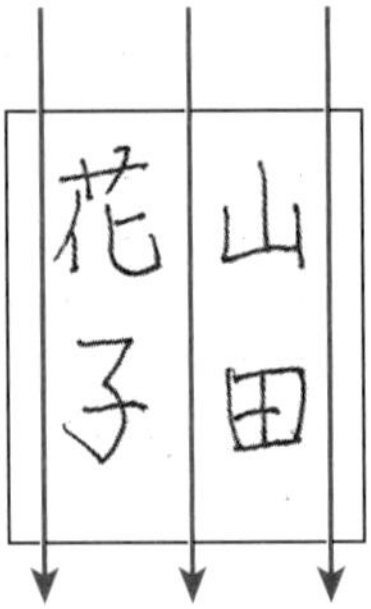

遠慮していると
チャンスを逃すかも…

チャンスや出会いに
ぶつかりやすい

デカ文字を書くのは気持ちがよくスッキリします。

時々大きくなりすぎて枠からはみ出す人もいますが、それも素晴らしいです。その紙のサイズ（今の人生のステージ）では物足りないということですから。どんどん大きな紙に名前を書いて、度胸と行動力を身につけてください！

余談ですが、リーマンショック後の就職氷河期で大学生は、100社も200社も内定が取れないのが普通なんていわれていた頃、弊社受講生のお嬢様も有名大学であるにもかかわらず、内定が取れず苦戦していました。

明日100社目の面接を受けに行く日の夜、しょんぼりしているお嬢様に、お母さまは「今から新聞紙に太いマジックで自分の名前でっかく書いてごらん」と言って、名前をドーンと書かせる練習をし、翌朝も名前を書かせて面接に向かわせました。

すると、なんと１００社目にしてめでたく内定を取ることができたのです！　喜んだお嬢様は、友人たちにそのやり方を伝えたところ、次々と内定の連鎖が起きて喜んでもらえたことがあります。

私が以前筆跡の講座をした某大学でも、私の講義を受けてくれたゼミ生の就職率が上がってお褒めの言葉をいただいたことがあります。デカ文字は書くだけで自己肯定感が上がるので心が落ち着き、本来持っている力が出しやすくなるので面接や本番に強くなれます。デカ文字効果はあなたが思うより大きいのです！

【成功マインド２】閉空間を大きく書く：元気のエネルギータンクが大きくなる

閉空間とは、「口」という字に代表される、文字通り閉じられた空間。筆跡心理学では閉空間は書いた人のエネルギータンクの大きさと考えられています。小学校低学年のお子さんの文字はたいてい閉空間が大きいように、閉空間が大きい文字はパワフルですが子

閉空間を大きく書く

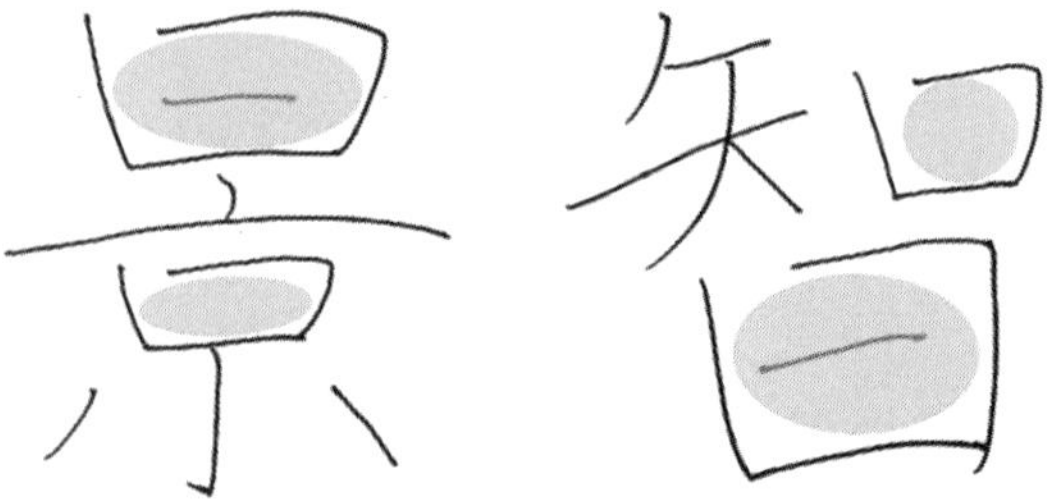

供っぽく見える傾向があるので、大人になるにつれ小さくなっていくのが一般的です。

そんな中、年を重ねても閉空間が小さくならない人は、気持ちが若くエネルギーに富んだ人で、創業経営者などに多く見られる特徴です。

健康面の元気さはもちろん、気力が充実している人も閉空間は大きくなります。何かやろうというとき、気力や体力がみなぎっているのは大事なことなので、小さくなりすぎないよう気をつけましょう。

閉空間とは「口」だけでなく「田」や「門」など、閉じられている空間はすべて閉空間と見ます。あなたのお名前にもきっと閉空間はあると思います。意識して大きめに書いて元気さをアピールしましょう！

気持ちが弱ってくると閉空間は小さくなる傾向があります。昔のメモやノートを見ると、悩みやつらいことがあったときの閉空間は小さく、元気がない印象になっていると思います。あなたがもし今、悩みやつらいことを抱えているのなら、「私はこんなことに負けない！だって私は元気だから」と意識しながら閉空間を大きく書いてみてください。そんな気持ちで書いた元気な文字を見ると力が湧いてきますよ。

【成功マインド3】ハネ・トメをしっかり書く：ていねいさと粘り強さが身につく

文字のハネ・トメは物事のクロージングを表し、トメは何でもない物事の終わり。ハネは逆境やトラブルが起きたときの自分が出ると言われています。

だから、ハネとトメは、「私に仕事をくださったらどんな仕事もていねいにやります」「私はどんなトラブルが起きても最後までやり遂げます」という気持ち、自分の誠実さや頑張りを表す書きグセです。

ただ、ハネ・トメをていねいに書くと、書くスピードが落ちるので、忙しい人にはもどかしいと感じるかもしれません。そんな方は、まず自分の名前だけでいいのでハネ・トメ

ハネ・トメをていねいに書く

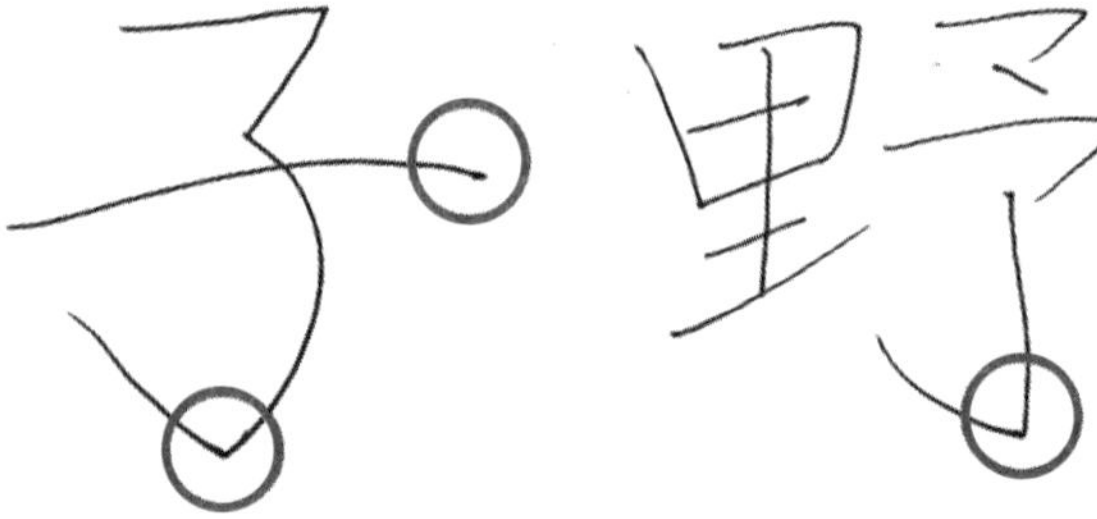

をていねいに書きましょう。それだけで文字（あなたの生き方）はぐっと好印象になります。

ハネ・トメの弱い文字の人はさらさらと早く字が書けるので、行動のスピードも速くスマートな人が多いです。でも、先を急いで後処理やクロージングに気持ちが行きにくいので「あの人に仕事頼むと中途半端だよね」「ミスが多いね」なんて言われているかも。

スピーディに効率よく動いているつもりなのに、逆に損をしたりチャンスを逃していたらもったいないですよね。そうならないためにも、自分の名前のハネ・トメはていねいに書くようにしてください。最初は気持ちが悪いかもしれませんが、ていねいに書く感覚がインストールされると呼吸が整い、凡ミスが減り結果的に成果を上げられます。

開空間を大きく書く

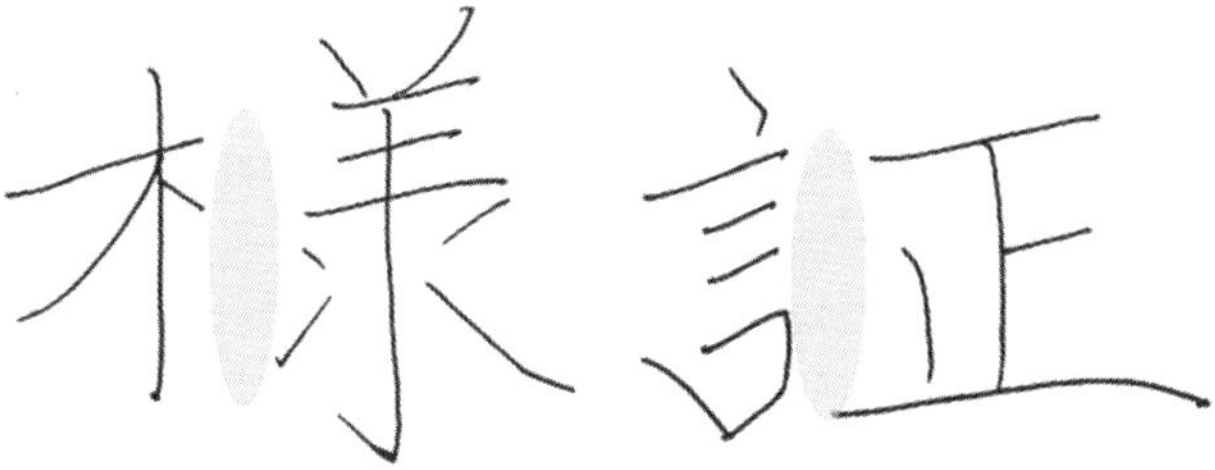

【成功マインド４】開空間を広くとって書く：自分も相手も受け入れる

開空間とは、ヘンとツクリの間の広さ、筆跡心理学ではその空間を「心の広さ」と見ます。あなたの文字はいかがですか？　空間はありましたか？

　開空間を狭く書く人にすれば、間延びしたような別々の文字になったような感覚があり、「こんなところを開けたらカッコ悪い」「ヘンだ」と思うかもしれません。

　しかし、筆跡心理学では、開運・成功する人の文字には、「人を受け入れる空間（適度な懐や空間）」があると考えられています。

その空間とは、人があなたに相談事を持ちかけたとき、「いいよ、私がやってあげる！」「そんなことよくあるよ。気にしないで」などと、受け入れるあなたの心の器の広さを表しています。

受け入れてもらった相手は感謝し、「今度何かあったら私があなたをお助けするね！」と、あなたのもとに帰ってくる、人の循環を作るのが開空間と考えられているのです。

もし、今、「なんで私にはいい情報が入ってこないのだろう」「なんで私は人気ないのかな」と思うなら、少しでいいから開空間を開けてみて下さい。最初は違和感があるかもしれませんが、「この空間に人を受け入れるぞ！」と思いながら書いてみると、文字がゆったりした印象になり、あなたの気持ちにも変化が生まれてきますよ！

【成功マインド5】縦線をしっかり書いて文字のシルエットを意識：自分軸を整える

縦線ってスッーとまっすぐ書くだけなのに、なかなか難しいと思ったことありませんか？　縦線とは書き手の気持ちが最も表れやすい線です。迷いや不安があると、どうしても曲がったりうねったり、短くなってしまうのです。

逆に言うと、縦線がぶれずにまっすぐ書けるということは、ぶれや迷いがない状態とい

縦線を長く書く

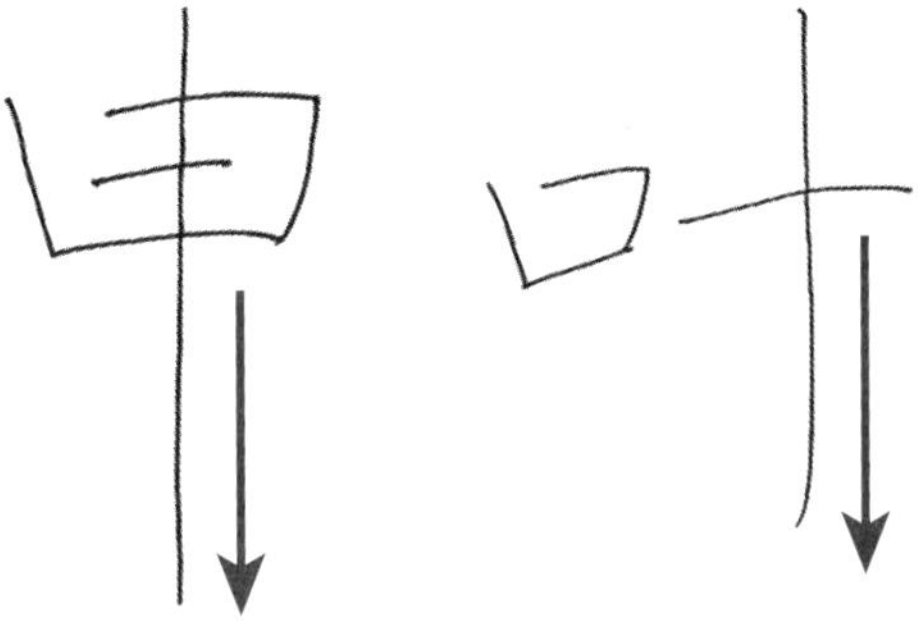

えます。縦線がしっかりしていると、他の線が多少雑でも凛とした印象になります。それだけ縦線はあなたの文字（生き方）を印象づける大切な線なのです。

だから、いつも「私はぶれない！」と意識しながらまっすぐに書くように心がけてください。スーッときれいな縦線が書けると清々しい気持ちになり迷いも晴れていきますよ。

まっすぐに書けない、書きにくいという人は、ペンの持ち方や姿勢が悪いからかもしれません。後述する「**持ち方や姿勢も自分を高めるのに大事**」をチェックしてみてくださいね。

文字が右に寄っている

紙の端に寄りたいという
シャイな性格の人

文字が左に寄っている

どんどん未来に進みたい
社会性の高い人

さらに書き手の心理状態は、縦線だけでなく文字全体のシルエットにも表れます。

私は筆跡診断士になって６２００人以上の文字を見てきましたが、本当にまっすぐに書ける人は名のある経営者や武闘家など数名しか見たことがありません。それだけ難しいのです。

なぜまっすぐに書けるとよいか、それは自分のゆるぎない軸がしっかりと安定している証拠だからです。でも、人はどうしても右や左に曲がったり、うねったりしてしまうものなのです。もちろん、それも味のある人間として悪くありません。が、どうせ書くなら凛とした人を目指したいですよね！

そこでここからは文字の方向や配字バランスによる、心理状態を紹介します。

文字が下に行くほど右に寄っている

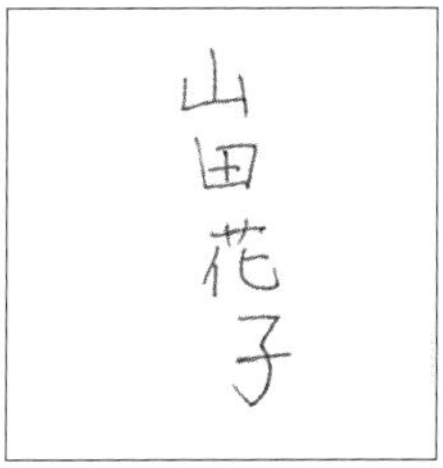
山田花子

つい過去のこと思い出してしまう
心配性の人

文字が下に行くほど左に寄っている

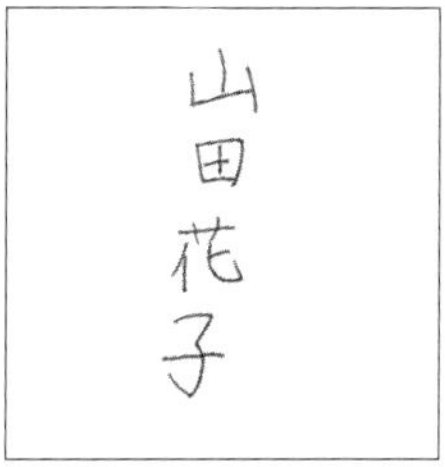
山田花子

楽観的なタイプ

書き出しの位置が短い

山田花子

思ってから行動に出るまで早い人

書き出しの位置が下にある

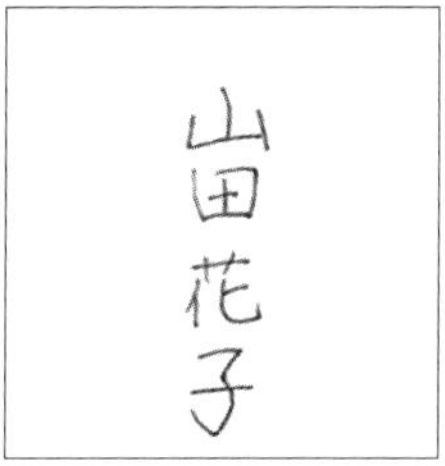
山田花子

慎重派で用心深いタイプ

文字がうねる

山田花子

気持ちの波があるタイプ

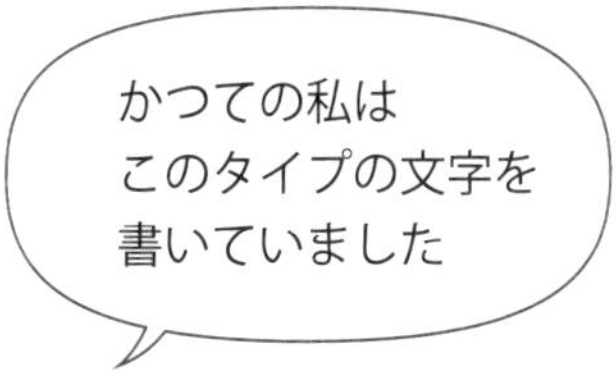
かつての私は
このタイプの文字を
書いていました

自分軸を作りたいなら

かつて私がやっていたように、文字の中心線を書いてから書くと、文字の中心（体幹）がわかってくるのでブレにくくなります

ぶれない自分軸が作れるおススメ練習法

前述した5つのポイントを自分の名前や住所を書くときに取り入れてほしいのですが、大前提として、まっすぐに書けるようになると、自信がついてさらに生きやすくなります。

私ももちろんまっすぐ書けませんでした。第1章でもお見せした通り、私の文字はうねって感情がブレブレのタイプだったので、最初は定規で中心線を書いて練習しました。それに慣れると「ああ、文字の中心ってこの位置だな」と感覚的にわかり、自然に日常行動も物事の中心を意識するようになり、結果ぶれないマインドセットができました。文字の中心が取れると字の上手・下手に関係なく文字のシルエットが安定してきますので、それを見るだけでも「私は大丈夫！」と思えるのです。

私は今でもお客様にお送りする封書は手書きにしています。特に請求書などは「いつもありがとうございます！　これからもお役に立てるよう頑張ります」という気持ちを込めて宛名を書いています。すると、お客様からは「あなたからもらった封書、全部とっておいているの」「あなたが書いてくれた私の名前を見るといいことが起きそう」「お手本にしようと思って壁に貼ってます」などと言ってもらえることが多いのです。

大切なメッセージを伝えたいとき、中心軸を感じさせる文字で送れると、あなたの気持ちが伝わりやすいです。

書いてみて違和感があったら

5つの特徴を実際に書いてみて、「書き心地」はいかがでしたか？　この特徴を実際に書いてみると、

①気持ちよく書けた。
②普段書かない書き方だけど、書いてみたら気持ちよく書けた。
③普段書かないから書いても気持ちが悪い。違和感がある。

という3つの反応があると思います。

その反応の理由は、

①は、あなたの普段の生き方がすでにそうなっているから脳が「気持ちいいね」という反応を示している。

②は、顕在化されていないけれど、潜在的な意識の中にその行動のクセがある。意識化すればそれはすぐに行動できるようになる。

③は、潜在的な意識の中にその行動のクセがない。

では、③の人はその行動がとれないのかと言われたら、そうではありません。

前提として、その行動をとりたくない、とらなくてもいいのであれば、無理してその書きグセを取り入れる必要はありません。でも、その生き方のクセを取り入れたいと思うなら、違和感がなくなるまで書く練習をすることです。要は「慣れる」こと。

違和感がなくなってスムーズに書ける頃には、あなたの脳にその行動のクセがすっかりインストールされて、自然にその行動がとれるようになっています。

さらに運気アップにつながる文房具の選び方

運気アップとはおまじないではなく、心をいい状態にキープできることをいいます。あなたが本来持っている力を無理なく出すことができれば、あなたは自分らしいやり方で成果を出し続けられます。つまり、あなたのコンディションを好調に維持する方法です。それには字を書くための道具も大事です。

筆記用具選びにこだわることも脳を「快」にするため大切なことです。

普段、あなたはどんな筆記用具を使って字を書いていますか？　その筆記用具の線の太

さはどれくらいですか？

自分を高めるこのレッスンでは、できれば筆圧をかけられる書き心地の良い太書きのボールペンやサインペンやマジックで書くことをおススメしています。太めの筆記用具はデカ文字を書くのに気持ちがいいからです。気持ちのいい筆記用具でダイナミックに字が書けると気分がスカッとします。

ベストな筆記用具は、ゆっくり書けて穂先の微妙な動きが脳を刺激する毛筆（筆）なのですが、残念ながら手軽とはいえません。そこで、私のおススメは、**書き方鉛筆と筆圧をかけて気持ちよく書けるビニール下敷きの組み合わせです。**用意できない場合は、紙を数枚重ねて敷いて下敷き代わりにしても同じ効果が得られます。

鉛筆と下敷きを勧める理由は、下にクッションがある方が滑らかに気持ちよく書けるし、鉛筆は原始的な筆記用具なので、気力が落ちているときの線は薄く弱々しくなり、気力に満ちているときは滑かに濃く書け、良くも悪くも書いた人の気力が伝わるからです。

実際に書くときは鉛筆の芯が均等に減るように意識することで、脳への刺激を促します。

弊社でも鉛筆と下敷きのセットを販売していますが、「すごく気持ちよく書ける！」「書くだけで癒される」「頭がすっきりした」と好評をいただいています。

筆記用具にも性格や心身の状態が表れていて、一般に太書きの筆記用具を選ぶ人は気力体力が充実している活発な人が多いです。太書きの筆記用具を選ぶ時点で小さい文字は書かないからです。細書きペンを選ぶ人は繊細でち密なものを好む傾向があり、文字も小さい方が多いです。

自分を高めるこのレッスンでは、シャープペンなど筆圧をかけられないものよりも、気持ちよく書ける筆記用具を選んでダイナミックに書くと効果をより実感しやすいです。

持ち方や姿勢も自分を高めるのに大事

ペンの持ち方や、字を書くときの姿勢って考えたことありますか？　小学生のころ習っ

正しいペンの持ち方

中指の第一関節の前あたりにペンを乗せ、親指でペンをはさみます。
人差し指は添えるだけです。

正しくペンを持てば、
力が入りやすく、
生き生きとした
のびやかな字が書ける！
中指と親指で
ペンをはさむ
人差し指は
添えるだけ

拙著『しあわせ美文字レッスン』（日本文芸社）

たような……子供の頃「姿勢が悪い！」って親に言われたような、でも、「書ければそんなことどうでもいいじゃない」って思いませんでした？　私は子供の頃そう思ってました。

しかし、筆跡診断士になって「これはバカにできない大事なことだ！」と気づいたので、皆さんにも知ってほしいです。

ペンを正しく持って姿勢よく字を書くことは、第1章でもお伝えしたように身体に良いのです。

字を書きやすくなるし、集中力もつき所作も美しくなりいいことづくめです。ぜひこの機会に正しい持ち方と姿勢を覚えて、自分を高めるお役に立ててください。

正しいペンの持ち方ご存じですか？

ペンの持ち方には意味があるのに、正しいペンの持ち方を知らない人が増えました。特に若い方はヘンな持ち方をしている人が多くて、私のようなオバさんはちょっと気になります。ペンを持つ姿の美しさはもちろん、正しく持った方が脳の働きにも良いからです。

第1章でも書きましたが、ペンの持ち方は脳の働きと関係しています。親指の腹を使って書くことで、大脳の運動野と言語野を刺激しますので、正しくペンを持つとそれだけで脳トレになるのです。どうせ字を書くなら、少しでも得する持ち方をしたほうがいいですよね！

ペンを持つときの指の役割は、お父さん指（親指）とお兄さん指（中指）ががっちり組んで頑張って働いて、お母さん指（人差し指）は方向指示の係りと考えるとわかりやすいです。ヘンに指に力が入った持ち方をしている人は、お父さん（指）ではなくお母さん（指）が頑張っている人が多いです。

お父さん（指）・お兄さん（指）に頑張ってもらい、お母さん（指）は「次はあっち」と先を指示する働きに変えると、いい感じに力が抜けて美しい持ち方になります。

ちなみに、シングルマザーなど頑張りすぎている女性は本当にこの持ち方をしている人が多いです。人生はちょっと力を抜いたほうがうまくいくことが多いから、あまり頑張らず力を抜いてペンを持ってみてくださいね！

正しい姿勢は身体に良い！

字を書く時の姿勢も大事で、書道家は長生きだと、第1章で書きました。でも、実際にどんな姿勢が正しいのかわからない方が多いので、この機会に覚えませんか？

ただ、「姿勢を正しく」と言われても受け入れにくいけど、なぜそうすると良いのかの理由がわかれば、理解しやすいし、実際その姿勢で書いたほうが美しく疲れないのです。パソコンをするときも同様ですよ！

① 両方の足の裏をぴったりと床につけて踏ん張る

地面（床）と自分がつながっていることを感じてください。

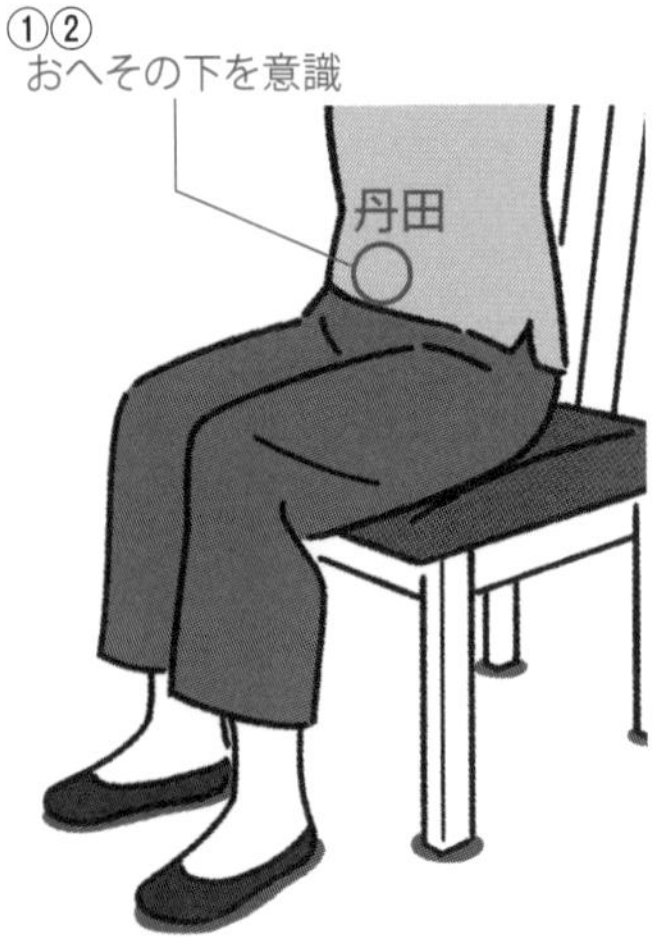

⑤

③④

② 丹田（おへその指三本分くらい下）を意識

力を入れる必要はありませんが、意識するだけで姿勢が良くなることがわかります。

骨盤を立てると考えるといいです。

③ 机と自分のお腹までの距離はこぶし一つ分あける

④ 紙を自分の真正面に持ってくる

⑤ 利き手でない方の手（右利きの人は左手、左利きの人は右手）で紙を押さえるように手を置く

手の位置は「ハ」の字を書くように机に置きます。

⑥ **ペンを持つ手が楽になり、動きやすいことを感じる**

足の裏・丹田・ペンを持っていない左手の3点で身体を支えると、ペンを持っている右手には重心がかかっていないので動きやすくなります。

字を書いているとき背骨は真っすぐになっていますか？　曲がっていると腰に負担もかかり、呼吸をしても酸素が深いところまで入らず酸欠状態になり、集中力が続かなくなることも。

⑦

⑦ **左手を配置したら、遠くを見るつもりで頭を少し下げる**

背中が曲がらないよう注意する。

⑧ **鼻から息を吸って口から「はぁ〜」と吐く**

どうですか？　背筋はちゃんとしているのに、身体の力はいい感じに抜けたでしょう？

この時、肘の角度が閉じすぎているときゅうくつになって、疲れやすくなり、のびのびした線が書きにくくなります。

実際にやってみて、その姿勢を家族や友人に写真に収めてもらうと、思ったよりも背中（背骨）が曲がっていたり、中心と思う紙の位置が左（右）寄りだったり、肩の位置が揃っていなかったりします。

字を書く姿を写真に撮る機会なんてなかなかないと思いますが、実際の姿を見てびっくりする人が多いので、あなたもぜひやってみてください！

正しい姿勢で、正しくペンを持って、大きなストロークで文字を書くと脳への刺激も大きくなります。

それを続けることが脳トレにもなって健康にもいいとしたら、やったほうがいいですよね！

《2日目のまとめ》

・成功者に共通している5つの書きグセベスト5を取り入れてみる

【成功マインド1】デカ文字で書く：行動力と度胸をつける

【成功マインド2】閉空間を大きく書く：元気のエネルギータンクが大きくなる

【成功マインド3】ハネ・トメをしっかり書く：ていねいに粘り強く

【成功マインド4】開空間を広くとって書く：自分も相手も受け入れる

【成功マインド5】縦線をしっかり書く：自分軸を整える

・持ち方と姿勢にも気をつけると、身体にもよく、集中力がつく

第5章

3日目：成功者の書きグセを取り入れて望む未来を手に入れる

1日目は、自分の名前を書いて自己肯定感を上げ、ご機嫌モードになるレッスン。2日目は、運気アップの要素を取り入れ成功マインドをインストールするレッスンを行ってきました。いよいよ3日目はあこがれる成功者の書きグセ（生き方のクセ）を取り入れて、あなたらしさをさらに輝かせるレッスンをしていきます。

2日目と3日目のレッスンの違いは、2日目は成功者に共通する書きグセ（生き方のクセ）を取り入れて骨太の自分になるのが目的。

3日目の目的は、より自分らしく輝いてもらうために、自分が必要と思う、すでに成功している人の書きグセを取り入れて、あなたの脳にインストールしていくことです！

なぜ成功者の文字をなぞるといいのか。他者の文字をなぞり書きするのは、その人の生き方をトレースすることで、会ったこともないあこがれの人の生き方を疑似体験できるからです。会ったことのないあこがれの人の人生がトレースできるって、すごくワクワクしませんか？

「ああ、この人は（自分がやらない）こんな行動をとっているんだな、だからうまくいくのか！」を直接体感できます。

直接感じられるから、ダイレクトに脳にインストールできて、生き方をスムーズに変えられるおススメの方法です。

あなたがなりたい成功者の書きグセを取り入れてみよう

やり方は以降のページに書かれた、あこがれる人やなりたい要素を持った人の書きグセをなぞり書きし、その後、自分の名前に取り入れて書くだけです。

どの人の文字も取り入れる必要はありません。あなたが伸ばしたいと思う書きグセや、自分に足りない書きグセを真似て書いて、脳にインストールしてください。

そして、ここからが筆跡心理学の面白いところです。第４章でも試してもらいましたが、実際に書いたときの書き心地が次の３パターンのどれだったかをチェックしてみてください。

(1)　普段も書いているので違和感なく書けた

あなたはその成功要素（生き方のクセ）をすでに持っている、つまり、あなたにはその魅力・才能が備わっているということ。しっかり大事に書いてその才能を伸ばしていきましょう！

(2) 普段は書いていないけど、書いてみたら違和感なく書けた

あなたはその成功要素を潜在的に持っているけれど、まだ顕在化されておらず有効に活用できていない状態です。「私はこの魅力があるんだ！」と意識して書くことでどんどん顕在化され、自然なあなたの生き方のクセになります。

(3) 普段と違う書き方なので違和感があった

残念ながらあなたはその要素（生き方のクセ）を今は持っていません。でもあきらめずに意識して書き続けてみてください。最初は違和感があっても、無意識に書ける頃には脳にその行動特性（生き方のクセ）がインストールされ、行動に移せるようになります。

人の上に立つのが苦手な人がプロジェクトリーダーに選ばれたことで、意識的にリーダーシップのある書きグセを取り入れて書くようにしたら、最初は違和感があったものの、いつの間にか人を引っ張れる力が身についたという事例もありますし、引っ込み思案で人に心を開くのが苦手な人が、オープンマインドの文字を書くようになったら少しずつ人の

輪に入れるようになったという事例もあります。

今、行動特性として持っていなくても、新しい自分の生き方をデザインして生き方を変えることは十分可能です。

文字は脳からの指令を、筋肉を通してアウトプットする行動の一つ。

脳は正直なので、違和感のある書き方をすれば、あなたの手や腕の筋肉はそれを敏感に察知するでしょう。その感覚を大切にしてください。

違和感は、今までにない考え方のクセや行動特性を取り入れているということ。「変わりたい」「次のステージに上がりたい」と思うなら、今までと違う書き方を取り入れて、新しい生き方を脳にインストールしてみてください！

精神的な安定と成功運をつかみたい：綾瀬はるかさん（女優）の文字

(1) 綾瀬はるかさんの文字

綾瀬はるかさんは、芸能界で「天然」な人として知られていますが、文字を拝見する限りはストイックで率直で良識ある人という印象です。

もちろん文字も美しいですが、それだけでなくメンタルが強く、多少のことに動じない安定感のある人。長い間活躍し続けている理由がわかる気がします。

ホワンとした天然というよりは、ストイックに自分を追い込んでいくようなイメージ、運動神経もよい方なのではないでしょうか？

そして、やるからには「いい結果」を出そうという意識の高い人でしょう。

言うまでもないですが、地味なタイプではないので、人を惹きつける魅力も、人を受け入れる気持ちも持っているので対人関係は良好で、損得なしにうまくいく方法を知っているような、そういう意味では天然の才能の持ち主なのかもしれません。

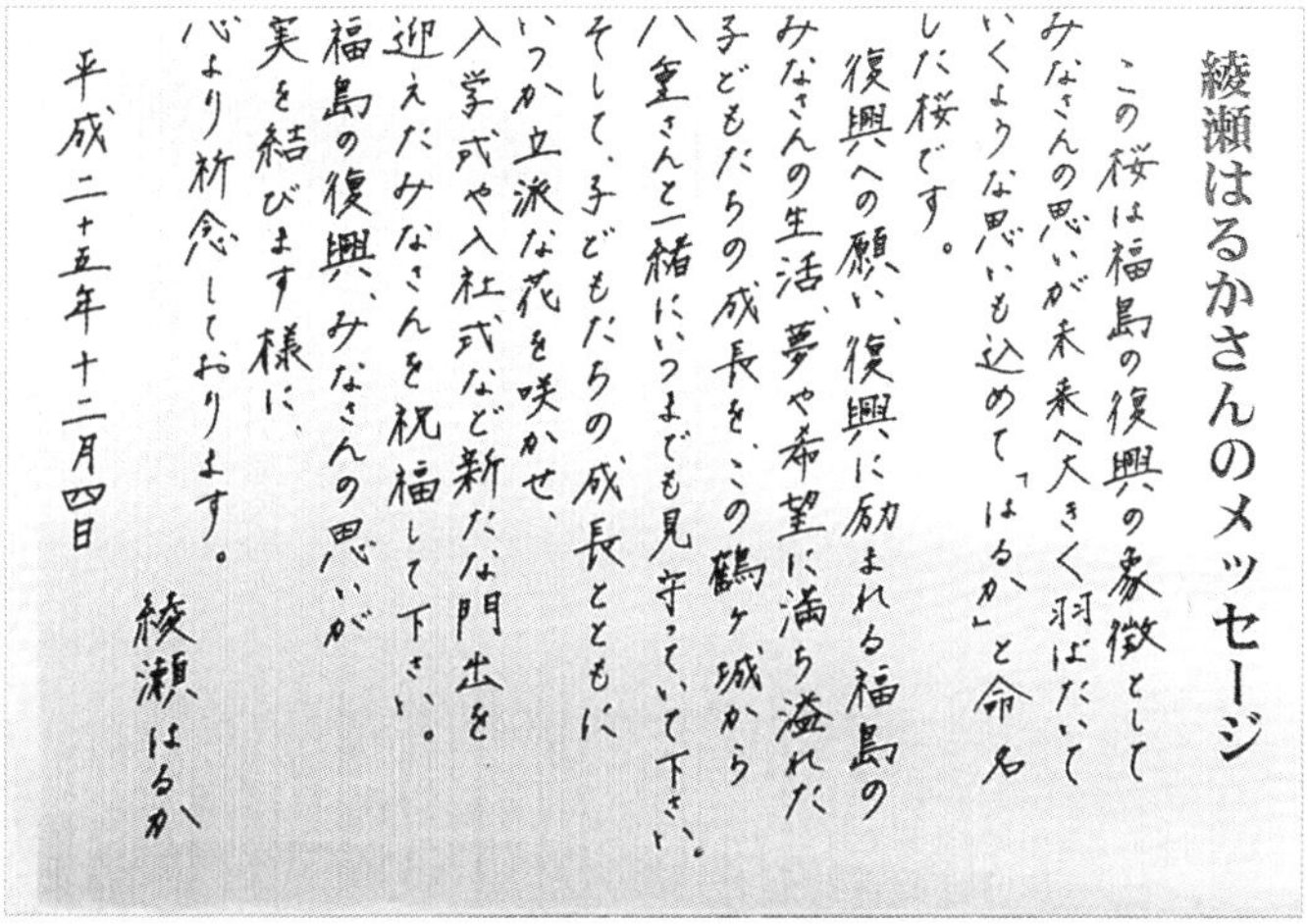
綾瀬はるかさんのメッセージ

この桜は福島の復興の象徴として
みなさんの思いが未来へ大きく羽ばたいて
いくような思いも込めて「はるか」と命名
した桜です。
復興への願い、復興に励まれる福島の
みなさんの生活、夢や希望に満ち溢れた
子どもたちの成長を、この鶴ケ城から
八重さんと一緒にいつまでも見守っていて下さい。
そして、子どもたちの成長とともに
いつか立派な花を咲かせ、
入学式や入社式など新たな門出を
迎えたみなさんを祝福して下さい。
福島の復興、みなさんの思いが
実を結びます様に、
心より祈念しております。

平成二十五年十二月四日

綾瀬はるか

綾瀬はるかさんが福島の震災復興へ想いを寄せたメッセージプレート

（2）綾瀬はるかさんの文字の２大魅力

たくさん良い特徴をお持ちですが、特にあげるとすれば以下の２つでしょうか。

① 気持ちにぶれがない安定感（等間隔型）

綾瀬さんの文字は全体的に安定感があり、ざわついた印象がありません。これ

は、等間隔性といって、「復興」「(希)望」のように横線や縦線が繰り返される文字の間隔が等しく、文字の角度（少し右上がりの線）がほぼ同じだからです。そして右上がりの文字は物事に対して一本気な面があることを物語っています。

この文章の中に「復興」という文字が3回出てきますが、そのいずれの書き方も全く同じで再現性があり、その日の気分によって行動が変わったりしない器用で論理的な人であることがわかります。だから仕事でも安定感があるので、依頼者も安心してお願いできるのではないでしょうか。

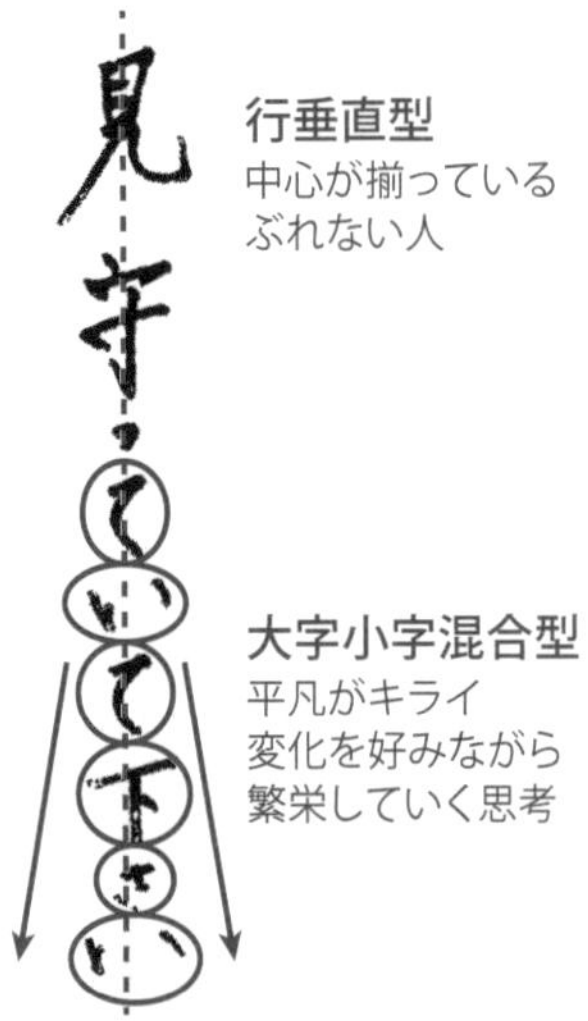

② 繁栄安定志向の文字（大字小字混合型）

綾瀬さんの文字は、「下さい」「みなさん」「二十五年」などのように、すべて同じ大きさではなく、大きな文字や小さな文字が混じった大字小字混合型という特徴があります。

この文字を書く人は、平凡なことを嫌い、波乱万丈な人生になる傾向がありますが、綾瀬さんの文字が素晴らしいのは中心が揃っていて、下に行くほど大きくなっていることです。

文字のシルエットとは、**第4章【成功マインド2】**でも書いた通り、その人の気力を表していて、疲れているとだんだん小さくなっていったりしますが、綾瀬さんの文字は中心が揃っていて、末尾の文字が小さくならず大きな文字で終わっているところが「いろいろあってもぶれずにベストな道を探し続けていく」強い気持ちを持った人、そのような文字が集まっているから全体で見ると安定感があるのです。

⑶　綾瀬はるかさんになりきってみよう

綾瀬はるかさんの書きグセを真似て生き方をトレースしてみましょう。

「(見守っていて)下さい」の書き方のポイントは、最後の「い」を大きく書くことなのですが、全体的に文字がまっすぐで凛としているところも見習いながら書いてみましょう。

縦書きでまっすぐに書けるのは、**第4章【成功マインド5】**で説明した縦線で、自分軸がしっかりしている証拠でもあります。

まっすぐ書くのが苦手な人は、中心線を下書きで書いてから書くと、自分の体感も整います。

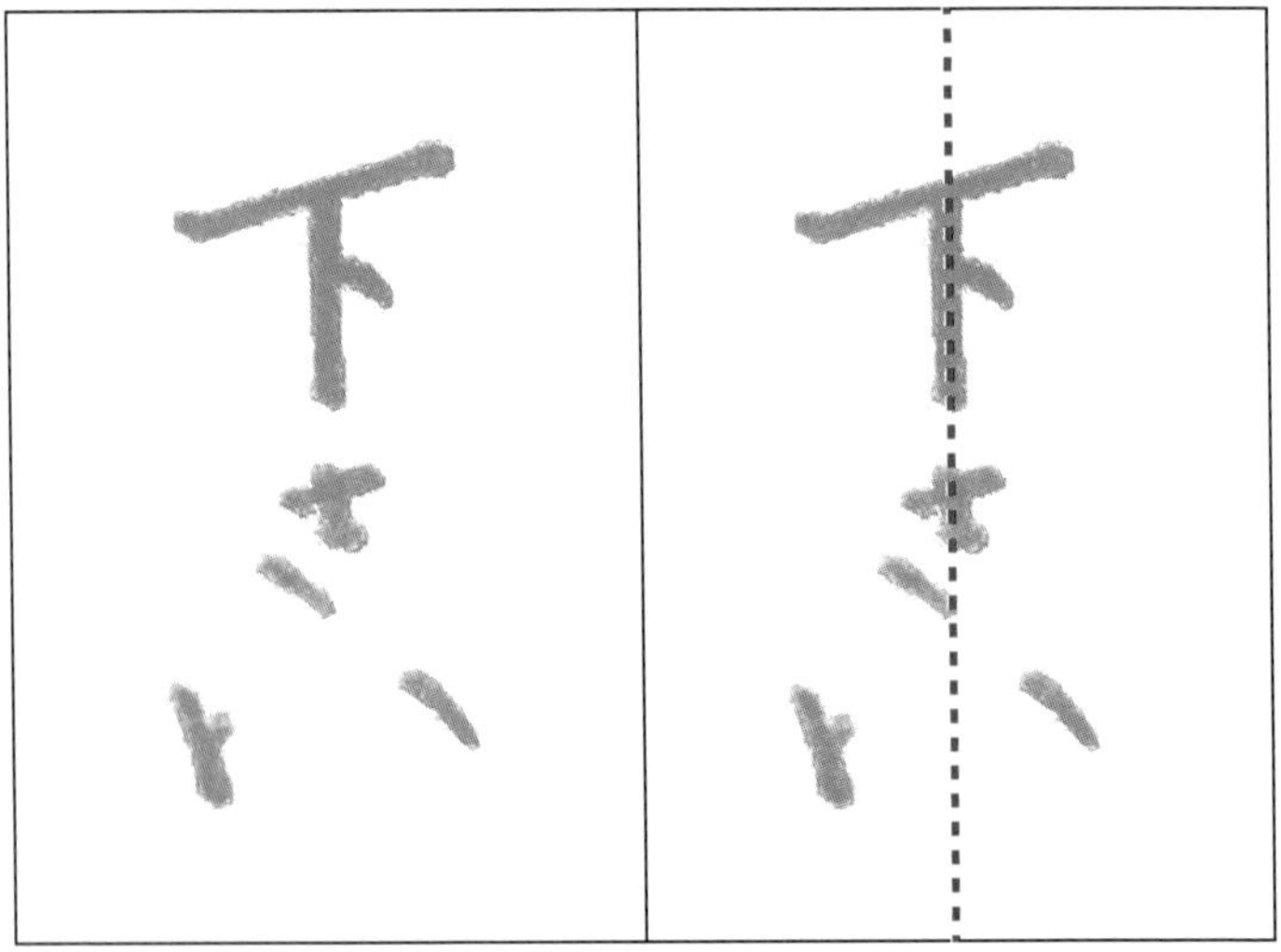

いかがでしょうか？
書いて見ると縦のラインがしっかりしていて、軸がぶれない人とわかりますよね。
そして、文字に適度な空間や懐《ふところ》があって、力強さやゆとりがあることもわかります。

人を大事にして愛される人になりたい：大谷翔平さん（プロ野球選手）の文字

(1) 大谷翔平さんの文字

大谷翔平さんの文字は、のびやかで堂々としていて「正統派」という印象があります。一本一本の線がていねいに書かれていることから、人や物事に対しててていねいに向き合うだけでなく、感情線である右ハライも長めであることから、人の気持ちに共感できる優しい人であることもわかります。そして頭部突出線と呼ばれる横線から上に伸びる縦線が長いことから、ただ優しいだけでなく、芯を感じさせるリーダーシップの能力もお持ちとわかります。

(2) 大谷翔平さんの文字の２大魅力

① 今を楽しむ（のびやかで滑らかな線）

「字を上手に書かなくちゃ！」「キレイに書いて褒められたい！」なんて思って書いた時

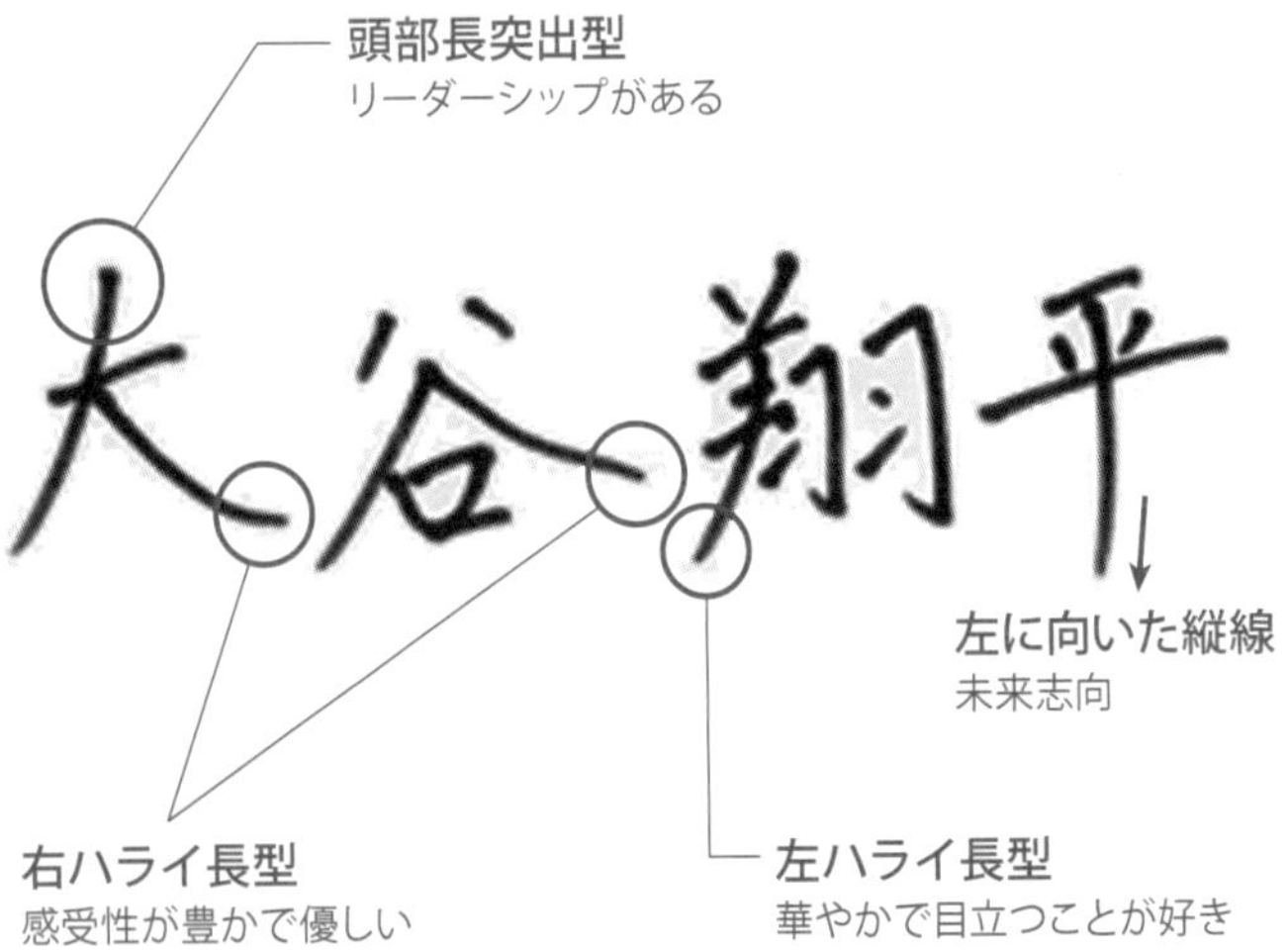

の文字が、つまらない感じになってしまうことってありませんか？　気負い過ぎると脳が緊張して、筋肉の動きを硬くします。

だから、線が詰まったような感じになってしまうのですが、大谷さんの文字は美文字なのはもちろんですが、「気持ちよさそうに書いているなー」という印象があります。

これは書いている本人が楽しみながら書いている、コンディションが整っているからこそ書ける線です。

自分のコンディションが良くなければいい成績を出し続けることは難しいですもんね。あなたも気負わず「私は私だー！」と思いながらのびやかな線で書いてみてください。

②　豊かで優しい感情・感性（文字の左右のハライが長くていねい）

文字の縦線は「自分軸」を表し、ハライは「感情」を表す線です。左ハライは、肩の力を抜いてリラックスする線であるのと同時に、相手に対しての目配り線でもあります。右ハライは相手への気持ちを表す線、大谷選手の「大」「谷」の右ハライはいずれも長くていねいです。なので、「あの人はどうしているかな」「大丈夫かな」なんて、相手を思いやる気持ちが強い優しい人とわかります。

大谷さんの「翔」の左ハライは最後まで気を抜かずにていねいに払っていて、周りへの気配り・目配りがある人とわかります。さらに、ハライの最後が少し上を向いていることで明るい印象があります。これは明るくて気配りができる人が書ける「モテ線」なのです。

自分もリラックスしていて周りへも目配り気配りができる明るく優しい人ですから、愛されてモテないはずがないわけです！

③　大谷翔平選手になりきってみよう

大谷選手の書きグセを真似て生き方をトレースしてみましょう。

気持ちよくのびやかな線を書くのに、緊張しちゃうなと思ったら、新聞紙や裏紙などもったいなくない紙に太いマジックなどで書くのがおススメです！

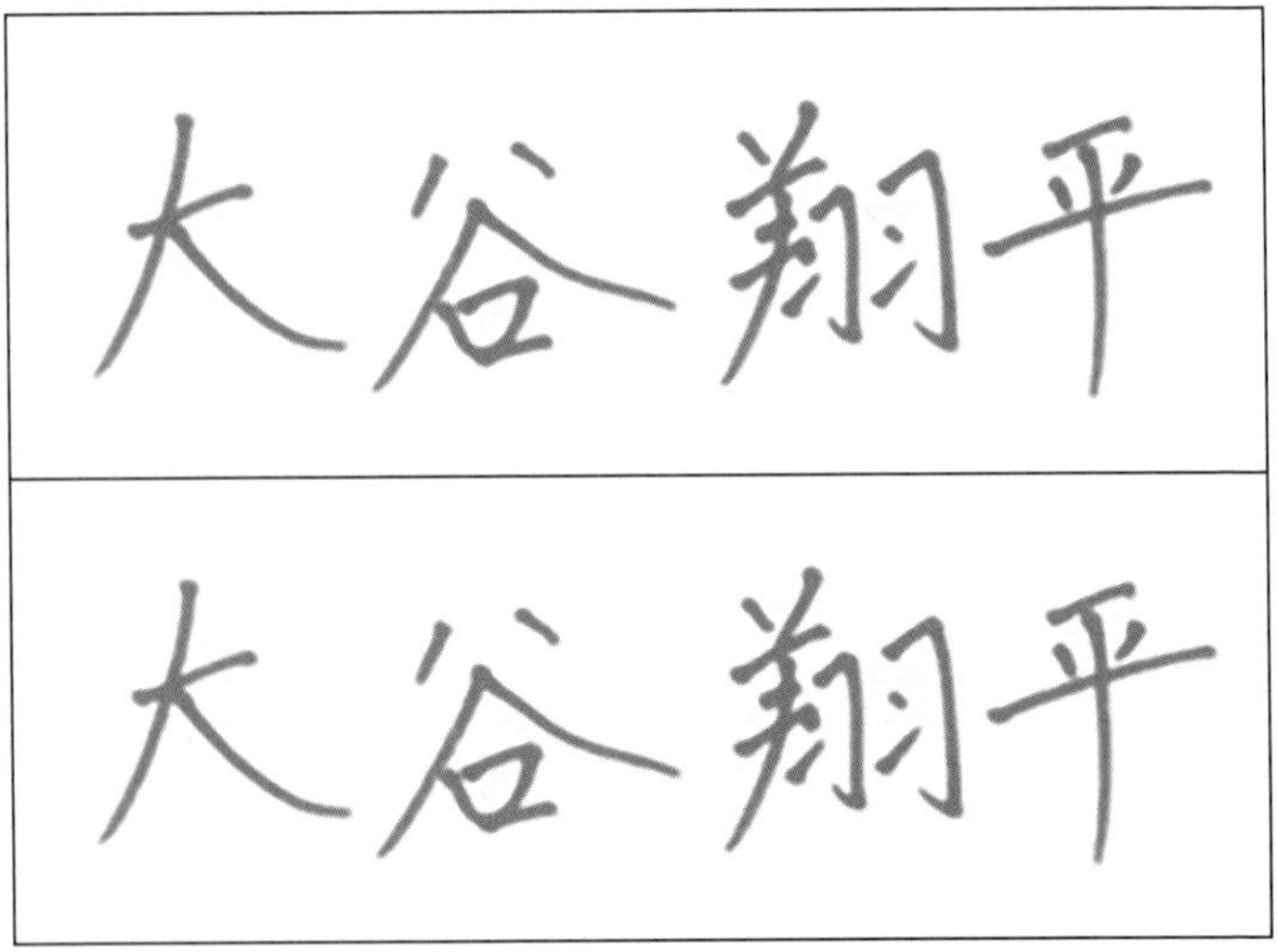

書き方のポイントは、左右のハライをていねいに書くこと。

左ハライはスーッと気持ちよく肩の力を抜いて、ハライの先は、次の線を意識して少し上向きに書くと明るく見えます。

右ハライはやや長めに、「あの人元気かなー」と、大事な人を思い浮かべながら書いてみてください。

そして「大」の2画目の縦線を突出させて、人の上に立つリーダーシップを、「平」の最後の縦線をスーッと気持ちよく長く書いてぶれない自分軸を意識すると、愛されるだけでなくぶれないリーダーにもなれますよ！

自分を見失わず意志を通したい：羽生結弦さん（プロスケーター）の文字

⑴　羽生結弦さんの文字

若くして世界の大舞台にたくさん立たれている方だけあり、「自分」をしっかり強くお持ちの方。人の意見に左右されたり流されることはあまりないでしょう。様々な経験やプレッシャーを糧に、迷いを振り切って前に進んでいる姿勢が文字からも伝わります。

天賦の才があるのはもちろんですが、常に一生懸命で努力の人。綾瀬はるかさんと同じく平凡で安定していることには興味がなく、結果はどうであろうと、やれることを全力でやって立ち向かう潔い勝負師であり孤高の人という印象があります。

⑵　羽生結弦さんの文字の２大魅力

①　強い自分「我」を持っている（起筆ひねり型・ハネ強型）

羽生さんの文字は一言でインパクトの強い文字です。
第４章【成功マインド３】で説明した粘り強さを表す「ハネの強さ」はもちろん、「起

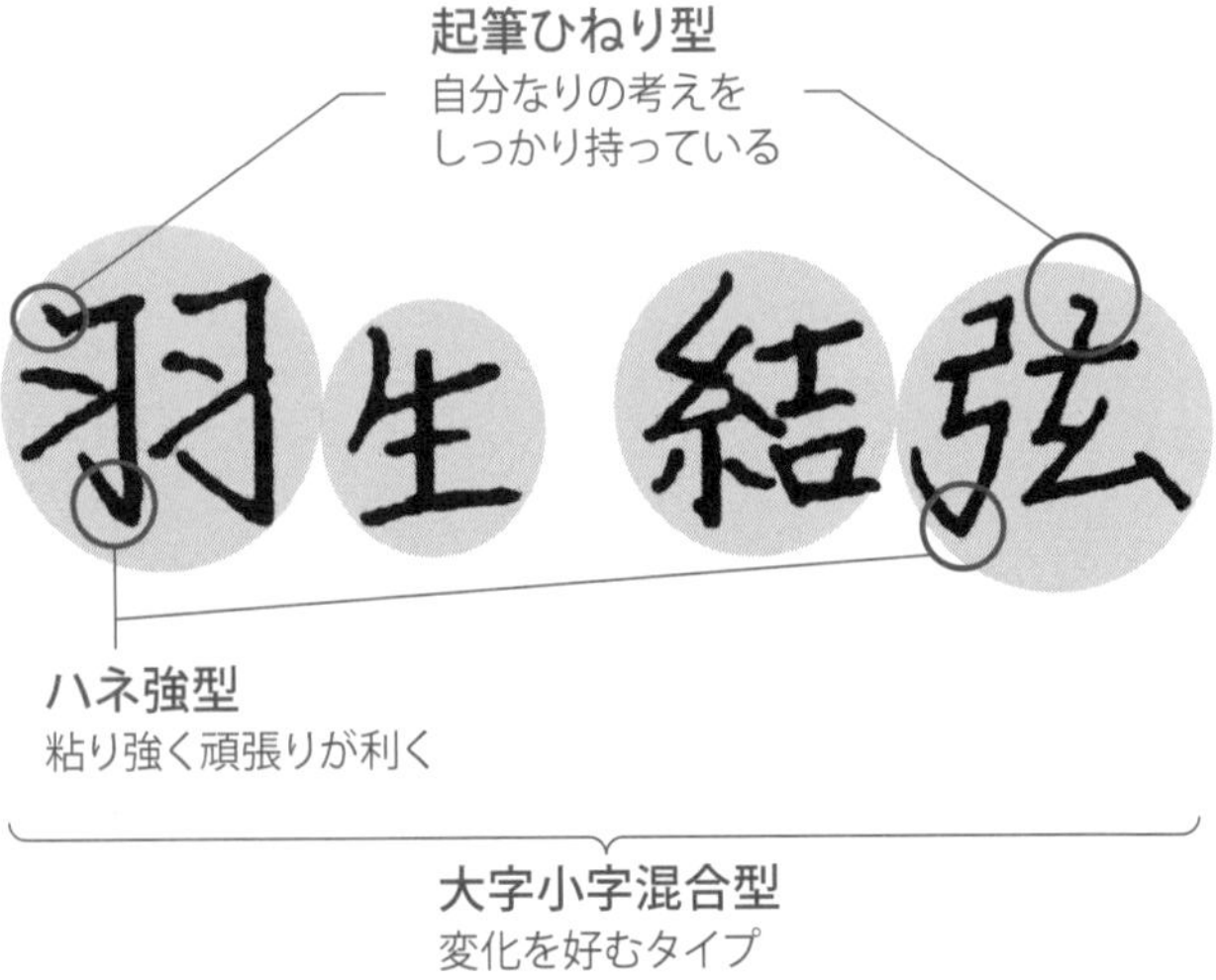

筆ひねり」という書き出しの打ち込みがたくさんあります。

起筆ひねりを書くにはグイっと力を入れてひねりを入れることから、起筆ひねりを書ける人は「自分なりの考えを持っている、ある意味我の強い人」と筆跡心理学では見ます。

勝負の世界で生きてきた羽生さんは自分を信じて「行くぞ！」という気持ちを常に持っているからこそ、大変なプレッシャーの中でも人に流されたり、あきらめることなく勝ち残れたのではないでしょうか。

② 平凡さより波乱万丈な変化を好む（大字小字混合型）

羽生さんの文字は全部同じ大きさではなく、強弱のアクセントをつけた独特の配字です。

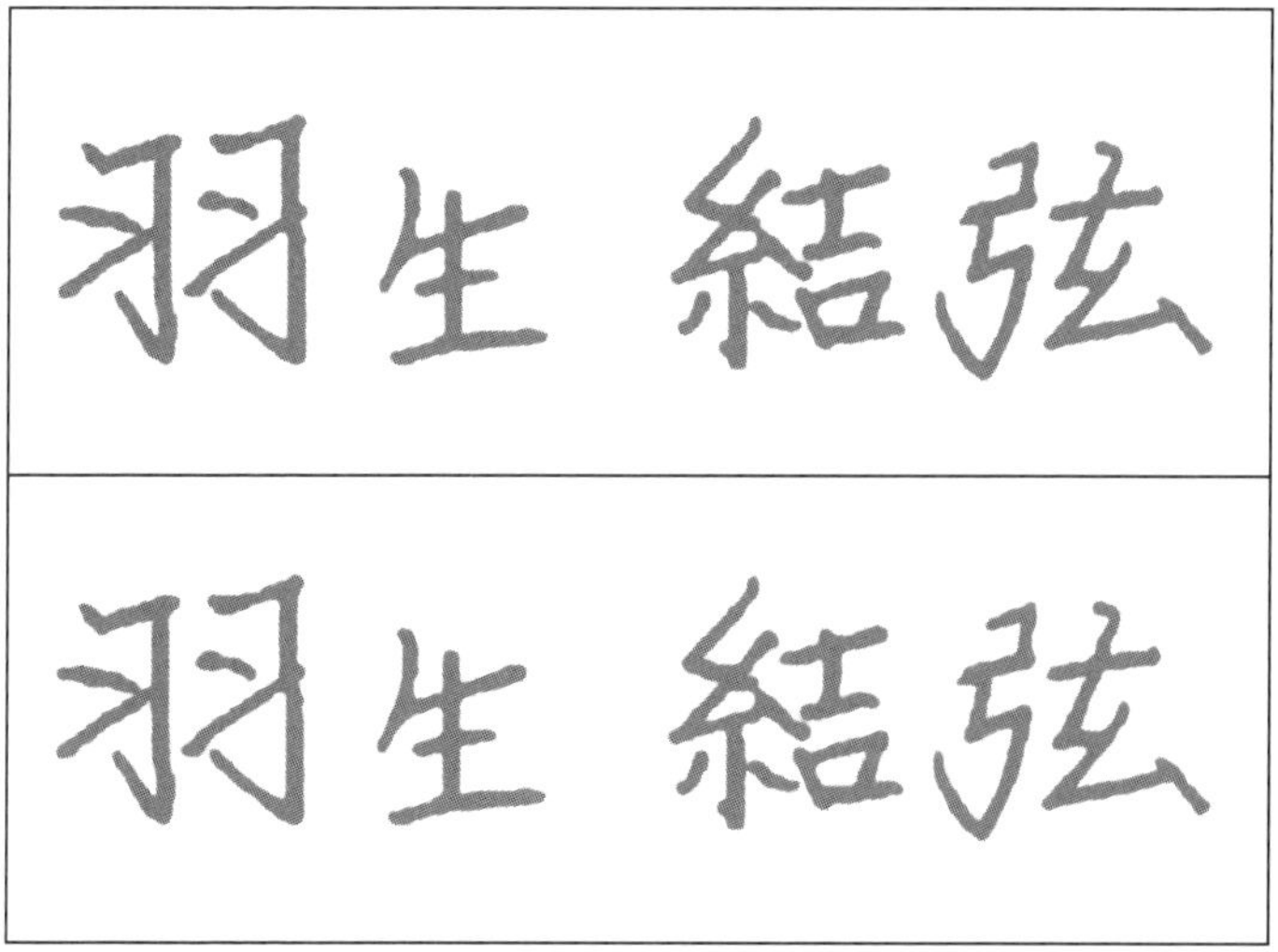

特に最後の「弦」の「弓」は、演技で勝負をかけているような印象に見えます。

安定や平凡さよりも、勝負に出るスタイルを好む生き方が文字に表れているようです。

(3) 羽生結弦さんになりきってみよう

羽生結弦さんの書きグセを真似て生き方をトレースしてみましょう。

なぞってみると、ていねいさと勢いのある緩急のついた文字とわかります。

書き出しの「羽」の一画目からしっかりとひねりが入っているので、書き出しから力が入りますが、続く「ハネ」や羽の「点」の勢いのある書き方はまさに、スケートでジャンプをしている姿のようです。

そして最後の弦の「弓」はダイナミックに

勢いをつけて書きましょう。

随所に起筆ひねりという「我」の強さが入っているのが羽生さんの文字の特徴です。羽生さんの「結弦」は、ツクリよりもヘンが大きい独特な書き方ですが（ヘンとツクリのある文字は、本来の意味であるツクリを大きく書いて、ヘンはツクリを目立たせるのが役割であることからヘンを小さめに書くことが多いです）、それも少年らしさを残した羽生さんらしい魅力が表れているように思います。

この独特の大きさのバランスやリズム感は、書いてみないとわからない感覚です。羽生さんの生き方のリズムを感じながら勢いをつけて書いてみて下さい。

人間味あふれる明るいリーダー：栗山英樹さん（ＷＢＣ日本代表前監督）の文字

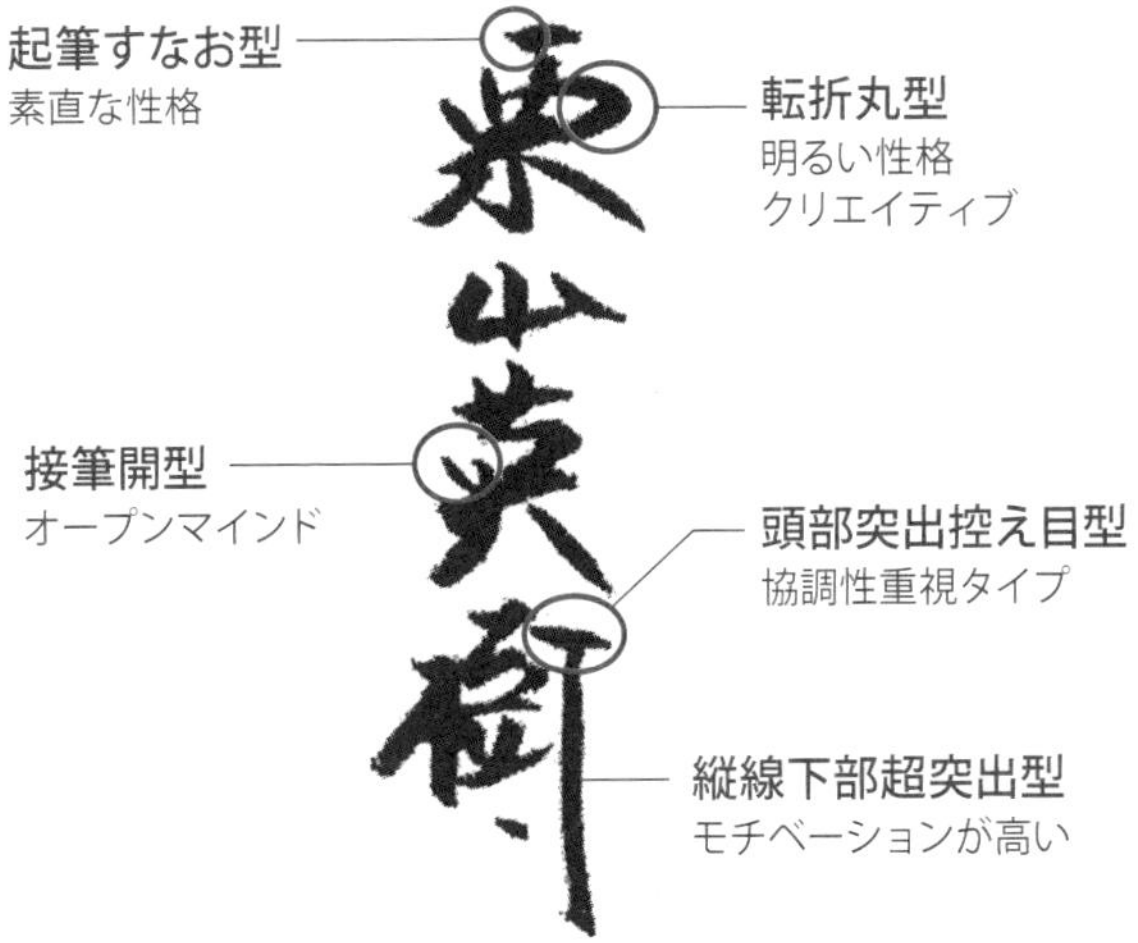

(1)　栗山英樹さんの文字

ＷＢＣで日本を世界一に導いた名将、栗山英樹さんの文字は、強いリーダーシップというより、スーッと周りに馴染みながら、気がつくと明るい太陽になってみんなを照らすようなリーダーシップスタイルの方ではないでしょうか。

「頑張れ！」と活を入れるより、選手を信じて背中をスッと押す、采配を振るというより、みんなの力を上手に引き出す、新しいスタイルの監督という感じがします。

目立つような目立たないような、なんと

も言えないバランス感覚を持った人のようにお見受けします。

(2) 栗山英樹さんの文字の2大魅力

栗山さんの文字もたくさんの魅力にあふれていますが、あえて2つあげてみます。

① 素直で明るい性格で人や組織に馴染む（起筆すなお型・転折丸型）

栗山さんの文字は書き出しに力が入らない「起筆すなお型」という、文字通り素直な性格の人に多い書き方です。

そして、明るくクリエイティブな「転折丸型」という特徴もあることから、例えば転校してきても、おもしろいことをやってすぐクラスに馴染んでしまうような協調性が高い人の特徴があります。

前述の羽生結弦さんと逆のタイプと言ってもいいかもしれません。

② 圧を与えず選手を伸ばせる腰の低さ（頭部突出控え目型・縦線下部超突出型）

栗山さんの「樹」の「木」「寸」は横線より上に伸びる縦線がほとんどない頭部突出控え目型という書き方で、協調性を大事にするタイプとわかります。一方で「寸」の縦線が

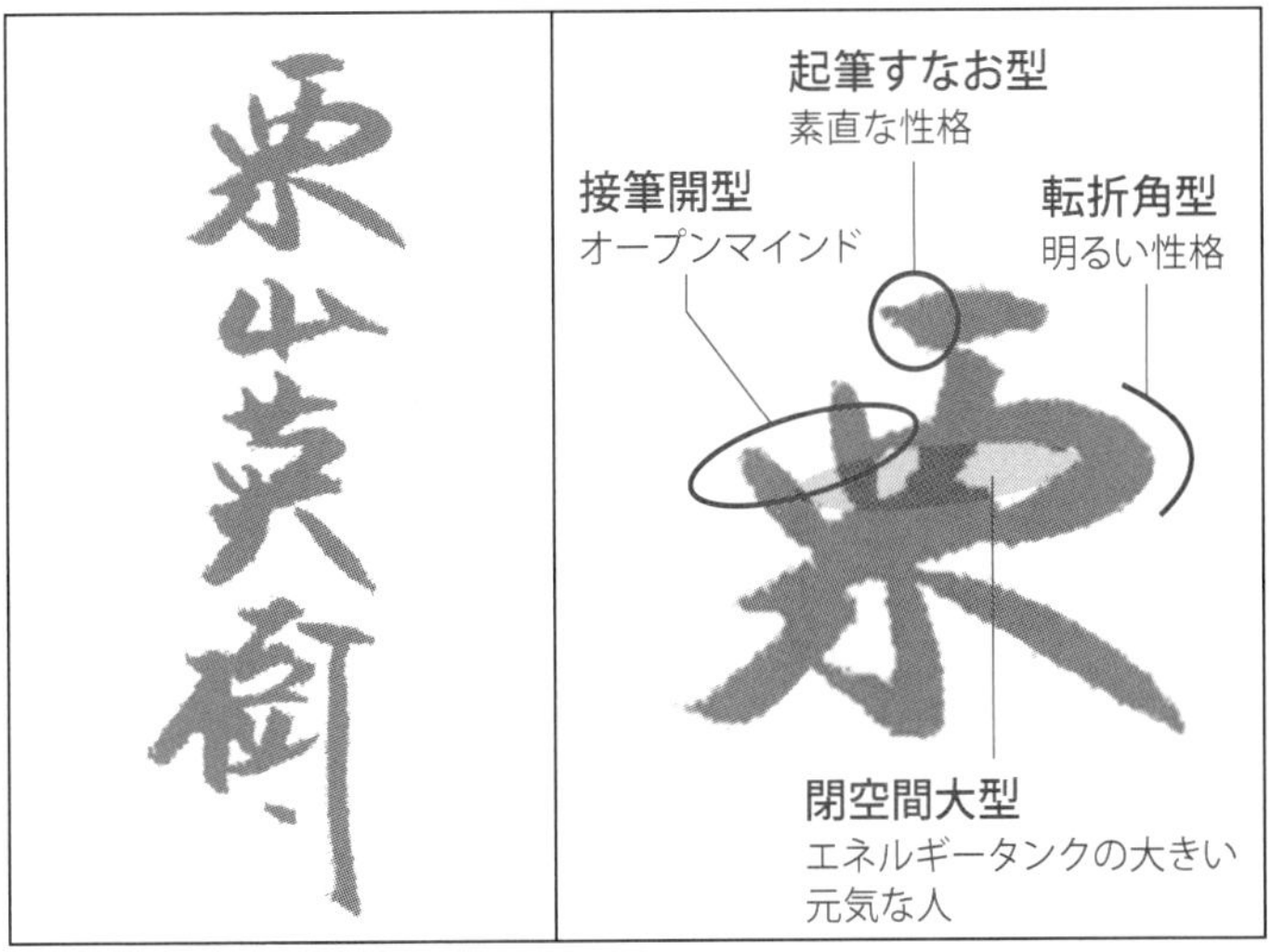

非常に長い。

これは、**第4章【成功マインド5】**の自分軸を表す縦線になり、上には出ないが陰でしっかりと根を張っている強い思いや覚悟を感じることができます。

(3) 栗山英樹さんになりきってみよう

栗山さんの書きグセを真似てトレースしてみましょう。

ここでは筆跡特徴の多い「栗」「樹」の書き方を説明します。

書き出しはスーッと脱力して素直な性格を表現し、「口」の2画目は丸っこく書いて明るさを出し、「栗」の「口」はオープンマインドに大きく開けます（「英」「樹」も同様に）。

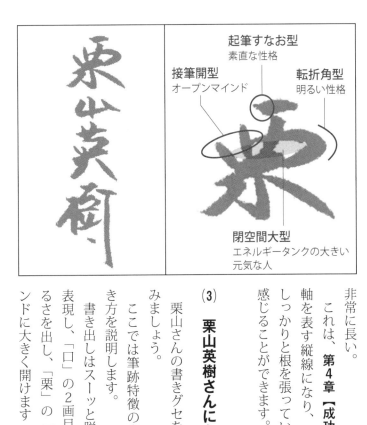

第4章【成功マインド2】の大きな閉空間で元気のエネルギータンクを書きます。

「樹」の控え目な頭部突出線は、腰が低く自分より若い人の意見もどんどん取り入れる純粋な気持ち。そして最後の「寸」の縦線は、「ぶれないぞ！」としっかりと長く書いてみましょう。

このように書くことで、優しいのに強く、ぶれずに選手を成功に導ける監督の指導力が伝わってきます。

書き出しは力を抜いてスーッと入り、書き終わりに近づくほど力を込めて「結果を出すぞ！」と思いながら書いてみてください。

のびやかに知的に人生を楽しんだ：牧野富太郎さん（日本植物学の父）の文字

(1)　牧野富太郎さんの文字

2023年7月26日　山陽新聞

牧野富太郎さんは、ＮＨＫ朝の連続ドラマ『らんまん』のモデルになった方。ドラマでも明るく純粋で、知的好奇心の塊のような人として描かれています。

実際の牧野さんは、人間味あふれるお優しい方だったのではないでしょうか。

植物はもちろん、人に対しても大事に思う気持ちが強く、理系の人というよりは、感覚・感性の人という印象があります。

新種の植物を多く発見されたことからも新しいものや独創性を好まれたのか、文字

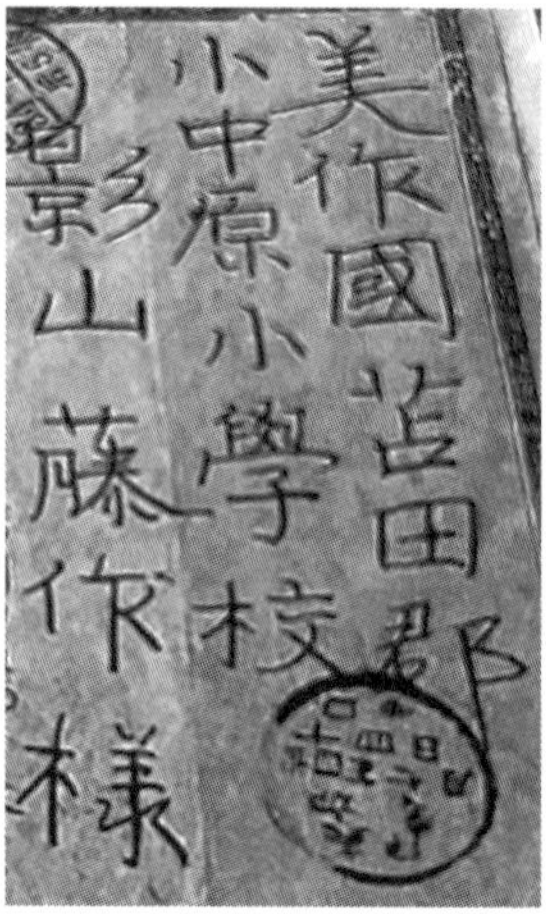

宛名はのびやかで
ていねいに書かれている

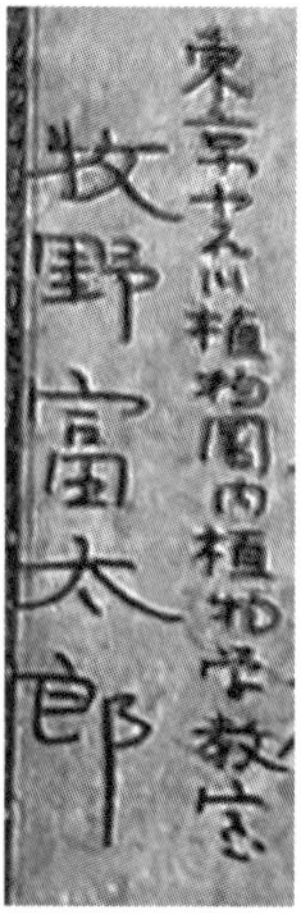

差出人（自分）の文字は
ちょっと雑？

にも独特の書き方が見られます。

野山を思う存分歩き回る行動力の一方で、宛名の文字と、差出人の文字を比べると明らかに宛名はていねいに書かれているのに、差出人情報がおざなりになっていることから自分のこと（プライベート）については無頓着で、研究さえできればあまり気にしない人だったのではないでしょうか。

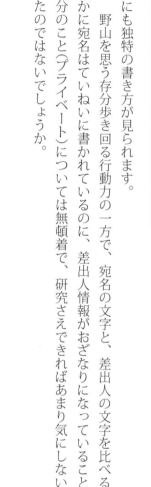

(2) 牧野富太郎さんの文字の2大魅力

牧野さんの文字もたくさんの魅力にあふれていますが、あえて2つあげてみると、

①　のびやかに好きなことにまい進する行動力（デカ文字）

牧野さんの文字は誰が見ても「デカ文字」です。そしてとても一本一本の線をていねいにのびやかに書いています。牧野さんは植物画を描く才能もおありだったそうですが、同じ思いで人に対しても植物標本を送ってくれる人に感謝の気持ちを込めながら、その地を歩いている自分を想像しながらお返事を書いていたのではないでしょうか。

②　やりたいことに対しての高いモチベーション（縦線下部超突出型）

とても長くて美しく書かれた牧野さんの「郡」「郎」に表れる縦線は、**第4章【成功マインド5】**でお伝えしたモチベーションが高い人の特徴です。スーッと美しく長く書かれた縦線は、迷いのない気持ちを表しています。純粋に植物に関しての情熱をお持ちで、そこにまい進していることがわかります。縦線とは自分の気持ちが表れやすい線、姿勢を正して書いてみると、気持ちがしゃんとしてきます！

(3)　牧野富太郎さんになりきってみよう

牧野さんの書きグセを真似て生き方をトレースしてみましょう。

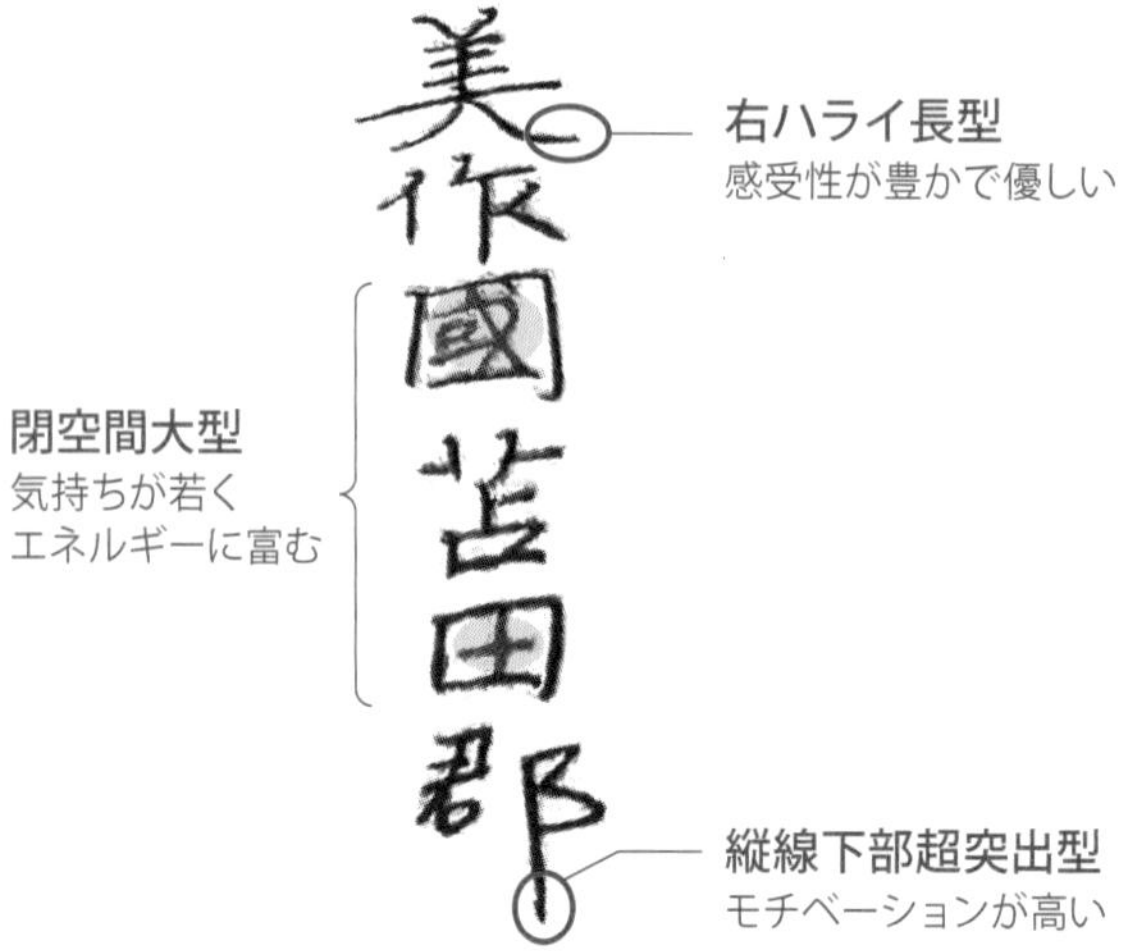
右ハライ長型
感受性が豊かで優しい
閉空間大型
気持ちが若く
エネルギーに富む
縦線下部超突出型
モチベーションが高い

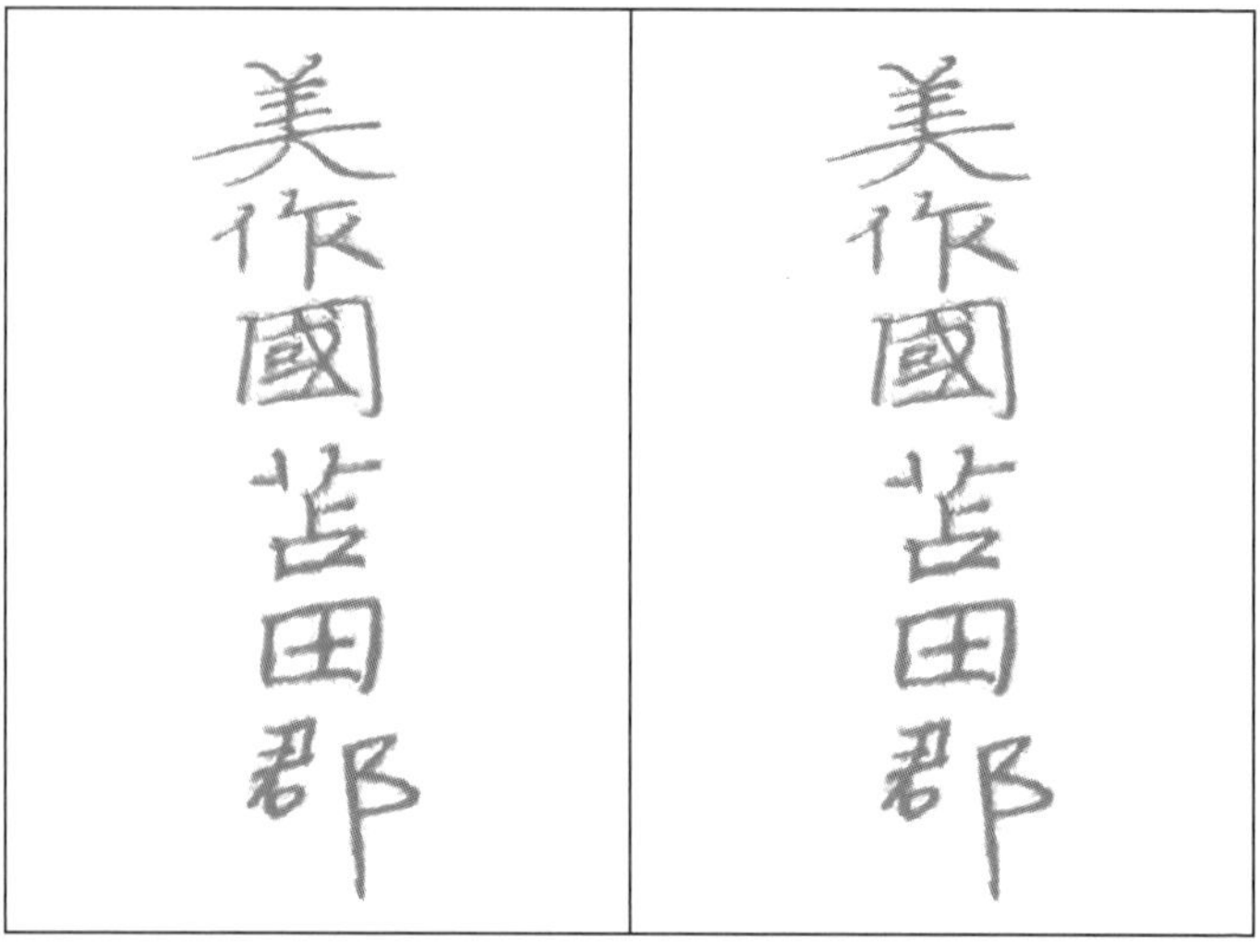

牧野さんの文字の場合、ご自身の名前より、相手方への文字の方がていねいなので、相手先の住所の文字を書いてみましょう。

相手のことを大事に思いながら「美」の右ハライを長く書いて、「私は元気！」とエネルギーを貯める「國」「田」の「口（閉空間）」を大きく書いて、「郡」の縦線をしっかり長く書いて、モチベーションを上げていきましょう。

いずれの文字もデカ文字で書くことで、行動的になれるだけでなく度胸もついてきますよ！

そして植物を愛するように自分を大切に思いながら一本一本ていねいに書いてみて下さい。

番外編1　類まれなる指導力を発揮：田中角栄さん（昭和の政治家）の文字

田中角栄氏は、日中国交回復を成功させたり、日本中を高速道路や新幹線などの高速交通網で結ぶという当時としては画期的な日本列島改造論を計画・実行し、強烈な指導力と権力・影響力を持っていた昭和の政治家です。

田中角栄氏と言えば「金と権力」というイメージがありますが、それに反して田中角栄氏の文字は非常に品があり、知的で人間味あふれる文字です。

特に苗字と名前の書き方の違いは興味深いです。苗字は「家」「組織」を表すことから、公的な立ち位置の生き方が表れる文字です。田中氏の苗字は楷書で強い右上がりに書かれています。

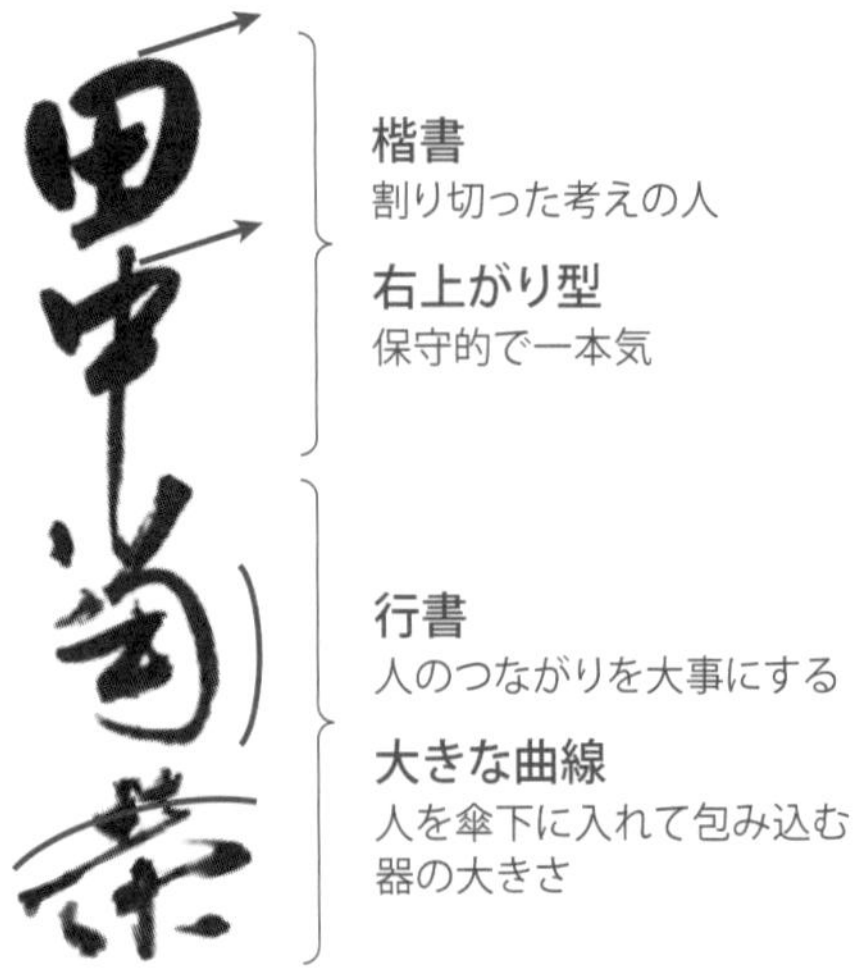

これは一本気で割り切った思考の人に多い書き方です。

一方、個人を表す名前は行書で非常に優しい曲線で書かれています。この曲線は人間力や器を表し、行書というつながった線は人とのつながりを表すことから、強さや厳しさと優しさを併せ持った、味のある非常に魅力的な人であったのではないでしょうか。

次頁の後年の田中氏のサインを見ると、どんどん崩し字になり、オリジナリティあふれ

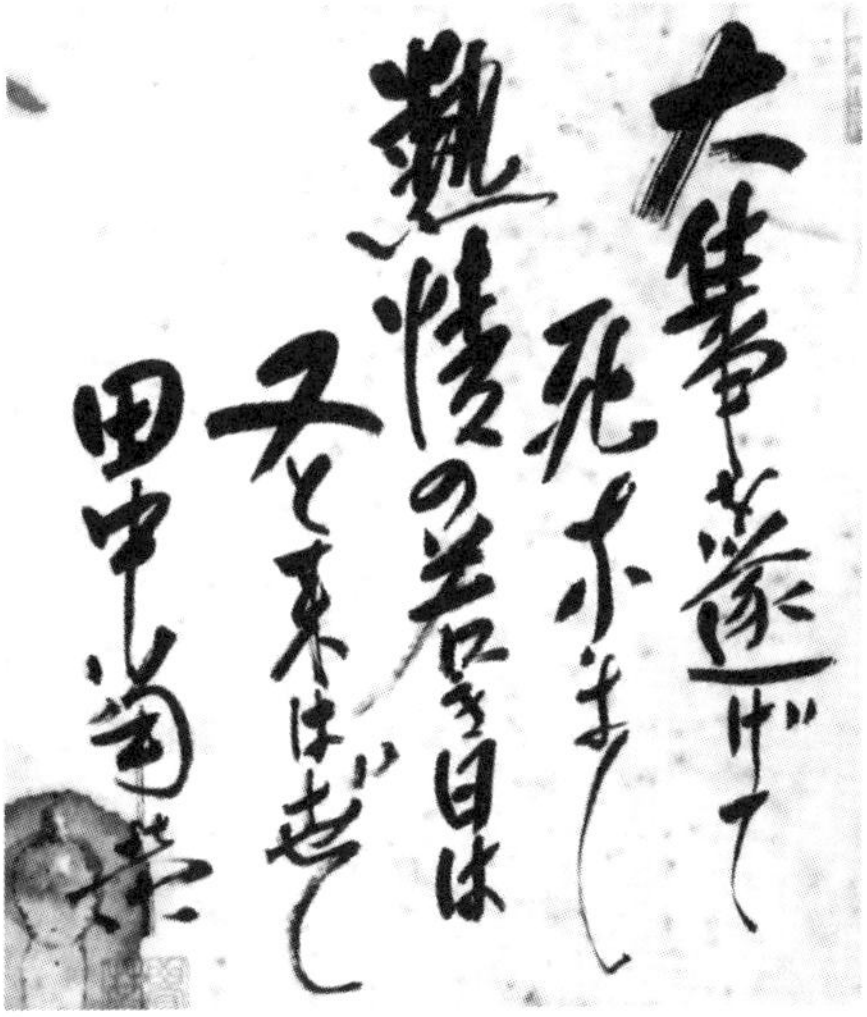

る文字になっています。一般人には「田中角栄」と全然読めません。この崩し方は超越字といって、読みやすさより自分らしさを追求した、一般の人が考えるさらに上をいく人に見られる筆跡特徴です。

「越山」の2画目の縦線が強く長く伸びている頭部長突出型というリーダーシップ線は、大谷翔平さんと同じ特徴ですが、田中角栄氏の頭部突出線は明らかに長く強い線であることから彼の「越山(彼の政治団体)」でのリーダーシップの強さが感じられます。

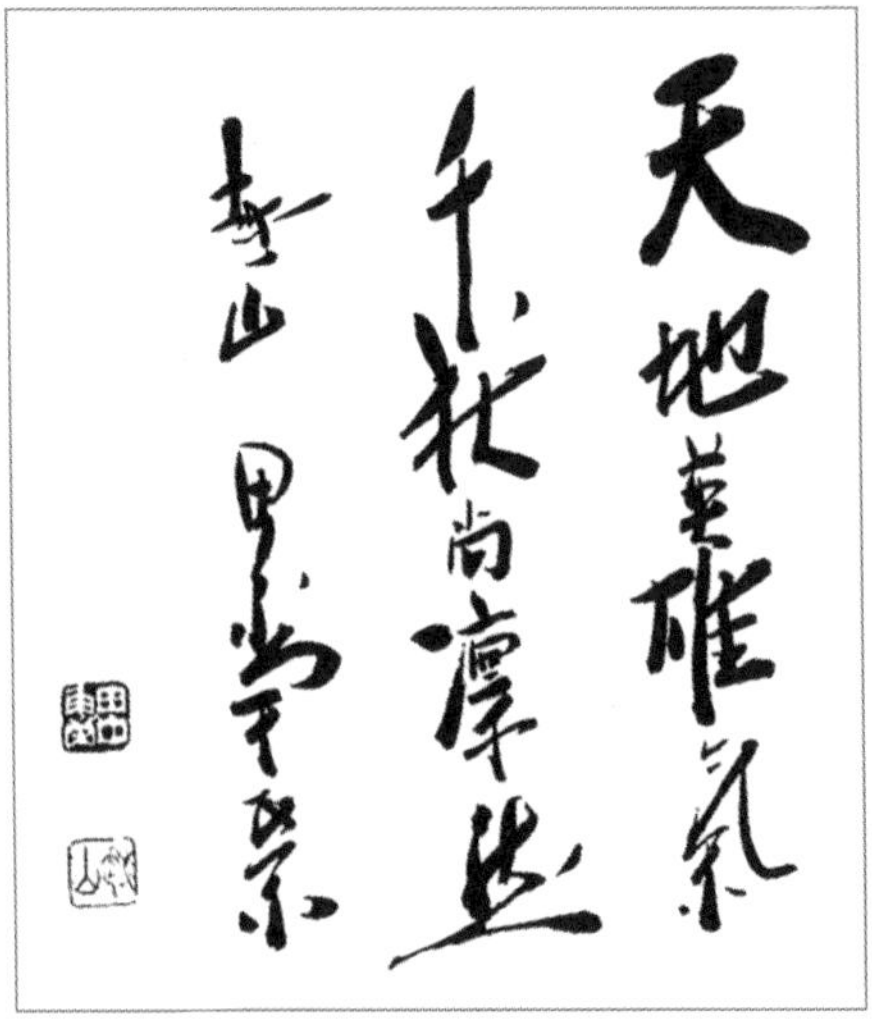

頭部長突出型
リーダーシップ線

後年のサイン

なかなか真似できない崩し字と強力な頭部突出線から、彼の権力や強さが増していったことが想像できます。そして、「田中（組織）」の大きさに対して「角栄（個人）」がどんどん大きくなっていったことから、自我も肥大していったのかなと想像します。

しかしながら、この書を見る限りでは才気煥発というか知的で風雅で上品な人のイメージしか湧きません。強い権力を持ったことで残念な結果になってしまいましたが豪胆で凜とした印象を併せ持つ味のある人物、ぜひ生前お会いしてみたかったなと思います。

それと対をなすように小泉純一郎氏のサインも興味深いものがあります。小泉純一郎氏も書をたしなんでいた方ですので、書の基礎はお持ちです。が、政治姿勢として「自民党をぶっ壊す」というスタイル通り、文字は基礎に忠実というより、やはり超越字型で独特な書き方です。

田中氏の視線は、常人が考えるその一歩上をいくのに対し、小泉氏の文字はオリジナリティあふれる書き方をしています。両者に共通するのは、みんなにとって読みやすいかどうかは関係なく、「俺についてこい」「わかる奴だけくればいい」というまさに強いリーダーシップを持った個性的な人の文字です。

小泉純一郎氏までの自民党の党首は皆さん、味のある興味深い文字を書いていました。今は書をたしなまない政治家が多くて残念です。たしなみとしての書というより、政治姿勢をそこから感じることができたからです。

時代なのかもしれませんが、できるなら政治家の方には「志」を表現する書は今後もお続けいただきたいなと切望します。

小泉純一郎氏のサイン

番外編2　バランスのいい才女：大江麻理子さん（テレビ東京アナウンサー）の文字

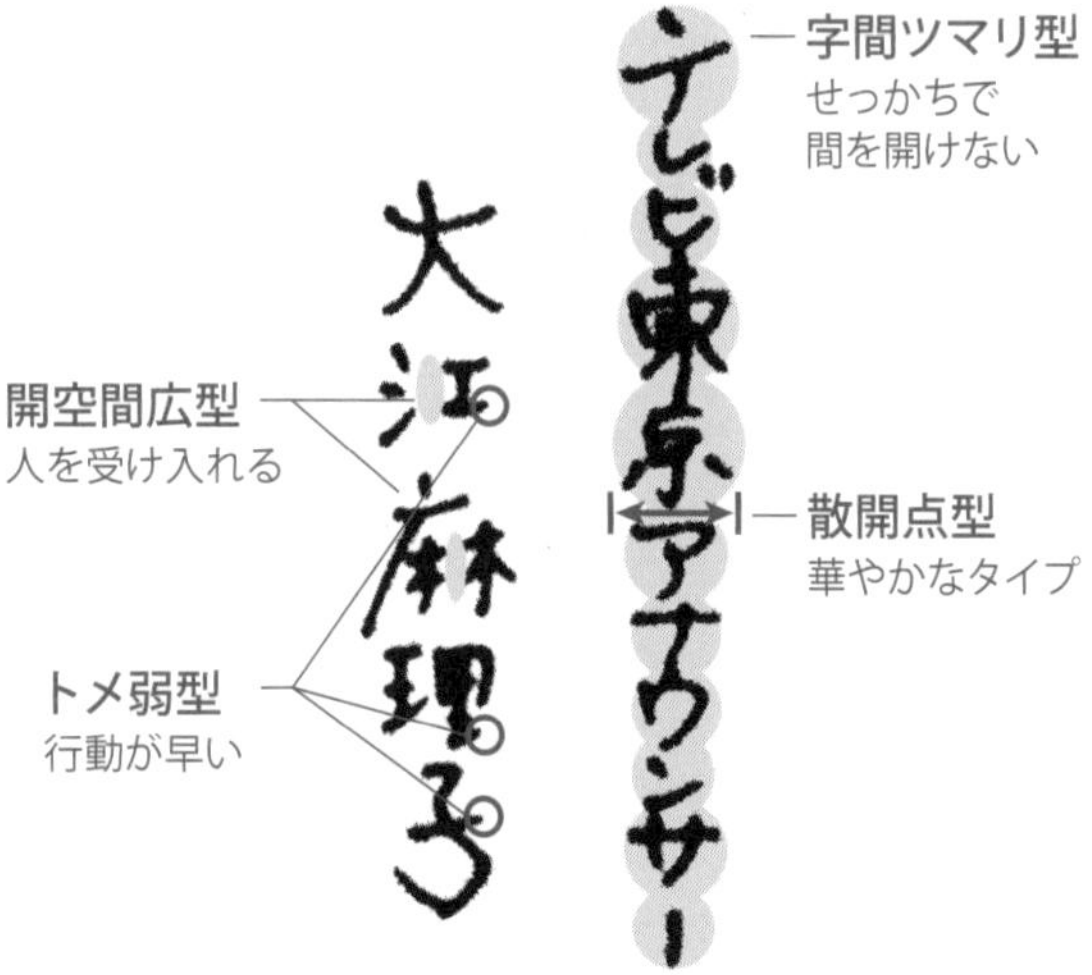

テレビ東京の経済情報番組WBS（ワールドビジネスサテライト）でキャスターを務めるアナウンサー大江麻理子さん。

魅力や才能がギュッと凝縮されたような、とてもコンパクトな文字をお書きになりますね。

すごく派手というよりは清楚で素朴な感じ、出しゃばらないのにきらりと光る華をお持ちの印象があり、人気の理由もわかる気がします。

経済情報番組のMCを務めているのに決して硬くなく、明るく真摯に仕事に取り組み、アイディアなどもさくさく打ち出していく仕事の速い方。

そして、新しいモノ（ヒト）もするりと受け入れる懐の深い方でもあると思います。

頭が良くバランス感覚にも優れているのでニュースでもバラエティでも何にでも対応できるし、マルチタスクも上手と思いますが、周りとの調和を考えすぎて自分を抑える面もおありかなと。

番外編3　愛に生きる人：広末涼子さん（女優）の文字

広末涼子さんといえば、恋多き女優さんというイメージがありますが、こちらの文字は釈明文であるせいか、クールで淡々とした腰の低い方という印象です。

全体的に線一本一本が独立した楷書で書かれており、気持ちを抑えてリスク回避しながら書いたのではと思われます。

しかし鳥羽さんのお名前だけは続け字の「行書」になっていて、しかもいずれのハネも勢いよく他の線にぶつかっている「線衝突型」になっています。

田中角栄氏のパートでも書きましたが、線と線のつながりは人と人とのつながりを表わし、行書を好む人は人情を大切にすると考えられています。

ここから、トラブルになっても思いを遂げたいという情念や強い思いと感じることができます。

愛する人の名前を書くときだけは理性を抑えられなかったのかもしれません。

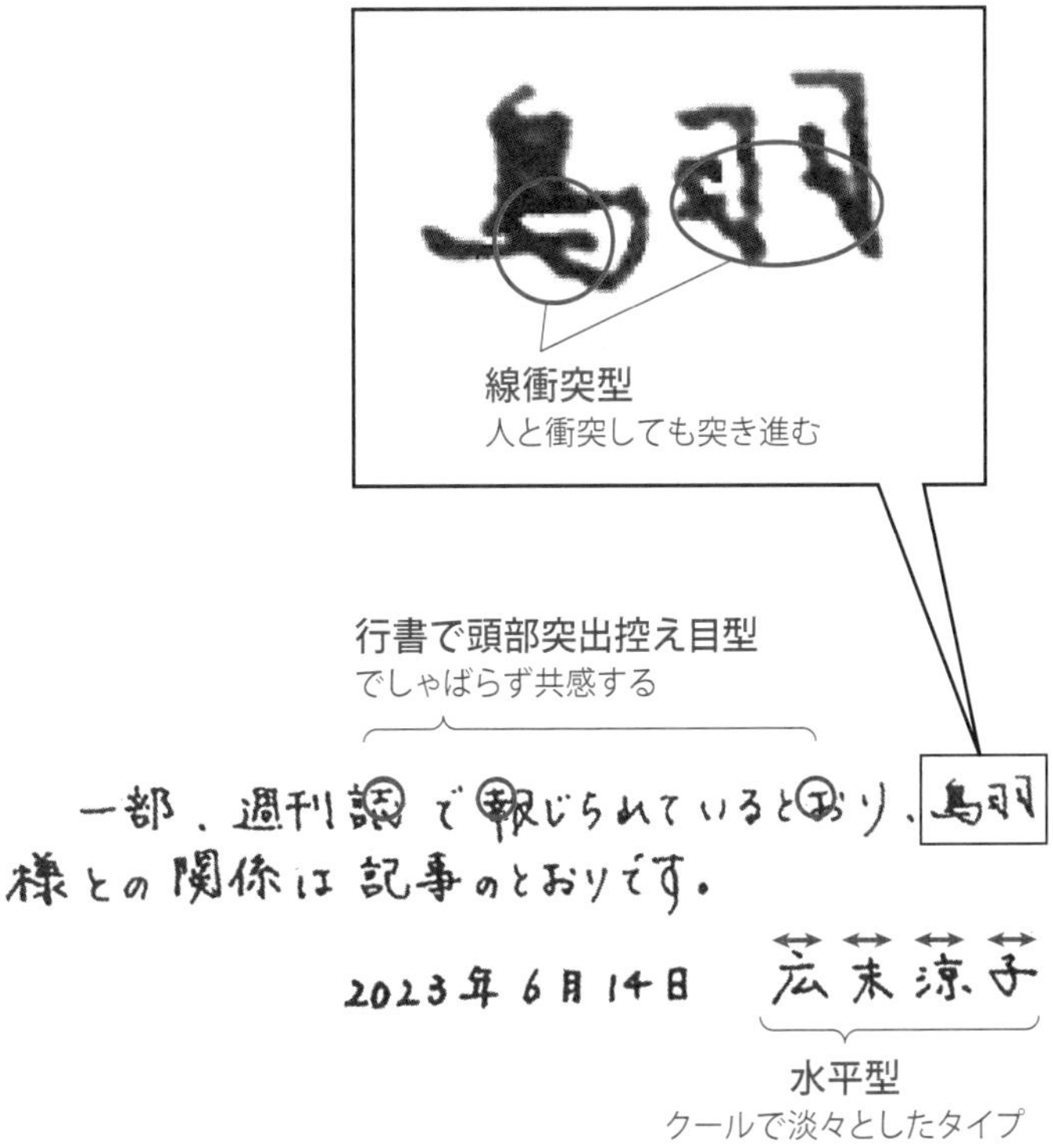

線衝突型
人と衝突しても突き進む
行書で頭部突出控え目型
でしゃばらず共感する
一部、週刊誌で報じられているとおり、鳥羽様との関係は記事のとおりです。
2023年6月14日
広末涼子
水平型
クールで淡々としたタイプ

《3日目のまとめ》

・成功者の実際の文字から取り入れたい要素を自分の文字に取り入れる
・著名人の文字の一部をなぞり書きして生き方をトレースするレッスン

①　精神的な安定と成功運をつかみたい：綾瀬はるかさん（女優）の文字
②　人を大事にして愛される人になりたい：大谷翔平さん（プロ野球選手）の文字
③　自分を見失わず意志を通したい：羽生結弦さん（プロスケーター）の文字
④　人間味あふれる明るいリーダー：栗山英樹さん（WBC日本代表前監督）の文字
⑤　のびやかに知的に人生を楽しんだ：牧野富太郎さん（日本植物学の父）の文字
⑥　番外編1　類まれなる指導力を発揮：田中角栄さん（昭和の政治家）の文字
⑦　番外編2　バランスのいい才女：大江麻理子さん（テレビ東京アナウンサー）の文字
⑧　番外編3　愛に生きる人：広末涼子さん（女優）の文字

・全員の筆跡特徴を取り入れるのではなく、自分が必要と思われる人の文字を取り入れる

第6章

こんな書き方に気をつけて…運気ダウン、心身の状態が悪いときの文字

ここまでは、成功者やコンディションが良い状態の人の文字を多く取り上げてきました。しかし、生きていればコンディションが悪くなることも、気持ちが落ち込むこともありますよね。

そんなときの文字の傾向を知ることで、文字から自分を立て直すことができます。ここからは、文字から見た心身の注意信号をお伝えしていきます。

元気がない、気力が湧かないとき：閉空間小型

第4章【成功マインド2】でもお伝えしましたが、筆跡心理学では「口」のように閉じられた空間を「閉空間」と呼び、書いた人のエネルギータンクの大きさと見ます。

閉空間大型

閉空間小型

なので、閉空間が小さくなっているときは、気力や体力が落ちていることが多いです。

ぴんと来ないときは、悩みがあったりつらいことがあったときのノートやメモを見てみてください。きっと筆圧が弱く閉空間が小さくなっていると思います。

元気が出ないと思うときは、「私は元気！」と思いながら、自分の名前の閉空間を大きく書いてみてください。閉空間を大きく書くと、明るい印象の文字になります、その文字を見るだけで「私は大丈夫」と思えます。

心身のどこかに不調があるときの文字：空間つぶれ型

元気が出ないときは閉空間が小さくなるとお伝えしましたが、そこからさらに深刻になってくると「空間つぶれ型」と呼ばれる文字を書くようになります。空間が小さくつぶれるだけでなく、歪んでつぶれる場合もあります。

これは気力・体力だけでなく、悩みやつらさがあると書きやすい特徴です。つい、こんな書き方をしていたら気をつけて、閉空間は大きめに書きましょう！

そして、あなたの周りに空間つぶれ型の文字を書いている人がいたら、気を配ってあげて下さい。

空間つぶれ型

我慢をしてストレスをためているとき：左ハライ・トメ型

筆跡心理学では、文字の縦線は自分軸、横線はフットワーク、左右のハライは感情を表すと考えられています。左ハライは右ハライに比べ、最終画になることがほとんどない線なので、意外と雑に書きがち、そこに自分の気持ちが表れやすいと考えられています。

左ハライは実はいろいろな意味を持った線です。本来はスーッと気持ちよく払って肩の力を抜く線なのですが、第5章 大谷翔平さんの左ハライのように、豊かな感性を表す「モテ線」にもなったりします。

そんな左ハライを払わずにギュッと止めて書いてしまう人は、何かに我慢していたりストレスをためていることが多いです。企業では上と下に挟まれる中間管理職に多く見られる書き方です。もし、あなたが左ハライをとめて書いているなら、スーッと払って書いてみてください。きっと肩の力が抜けてマッサージに行ったような気持ち良さを感じていただけると思います。

左ハライトメ型

ストイックで自分を追い込みやすい：下狭型

何かを成し遂げようとするとき、安定を意識する人と、ストイックに身を削って頑張る人がいますが、前者の人の文字は三角形のシルエットに、後者の人の文字は逆三角形のシルエットになる傾向があります。

もちろん、ストイックに頑張ることが悪いわけではありません。でも、頑張りすぎると無理がたたって身体に来るまで気がつかないこともあります。このタイプの人の文字は前述した「閉空間小型」「空間つぶれ型」にもなりやすいので、せめて空間がつぶれない程度に書いていただくといいですね。

実は、第5章でご紹介した綾瀬はるかさんの文字にはこの傾向があります。ストイックに頑張るからこそ一流の女優さんなのだと思いますが、時々お休みを取ってエネルギー補給してほしいなと余計なお世話ながら思ってしまいます。

不整脈など、身体が弱っているときの文字：線結滞型

第4章【成功マインド5】では、迷いなく、ぶれない気持ちを持っているからスーッとまっすぐな線を書くことができるとお伝えしました。

でも、迷いがあったり体調が悪いと、そもそもまっすぐな線や滑らかな線を書くことが難しくなります。特に呼吸器系に問題があるときに出やすい「線結滞型」とは、線がガクガクしたり途切れてしまったりする筆跡特徴です。

人生を間違えてしまった人の文字：犯罪者の文字

ここからは、自分の活かし方を間違えて犯罪に走ってしまった人の文字を見ていきます。犯罪者というと、「自分には関係ない」「怖い！」などと他人ごとのように考えてしまうかもしれません。でも、好んで犯罪者になった人はいないと思います。

彼らがなぜ罪を犯してしまったのか、それは**心が整っていなかったから**です。心が安定

しない状態が常態化して、正しい判断や決断ができなくなったとき、罪を犯すのではないかと思います。

そう考えると、犯罪者は特別な人ではない。極端に強い「何か」を持っていて、心が整っていなかったばかりに、それが良くない方向に出たことで犯罪者になった。「何か」が良い方向に向かっていたら、成功者になったかもしれないのに、と残念に思うことがあります。

ここでは３人の犯罪者の文字を見ながら、彼らの才能と極端に強い「何か」を分析していきます。

まじめすぎて間違えた道を戻れなくなった優秀な人：オウム真理教土谷正実

オウム真理教は、サリンなどの化学兵器や生物兵器を使用するなどして、１９８０年代後半から１９９０年代半ばにかけて、数々の凶悪事件を引き起こしました。

中でも95年３月20日の地下鉄サリン事件は、死者14人、負傷者約６３００人と、人類が経験したことのない大都市での毒ガステロで、土谷正実はサリンを製造した人物です。

土谷正実の文字は、力強くとてもていねいです。そして、**第4章【成功マインド】**に出

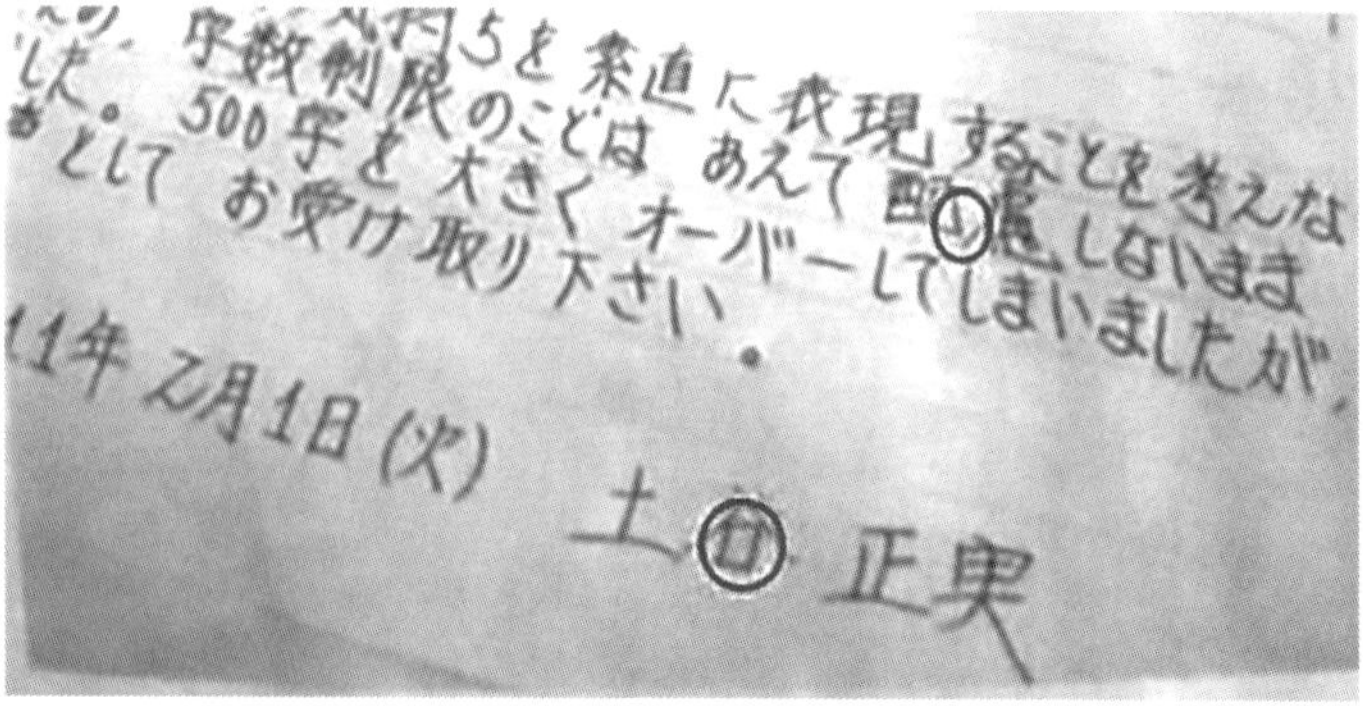
お受け取り下さい。
11年2月1日(火)
土谷正実

2011年2月16日　読売新聞

てくる多くの要素を持っています（5番目の縦線はサンプルの中に縦線を分析できる文字が入っていないため、要素を持っているかわかりません）。

成功者に共通する5つの書きグセ

① デカ文字で書く：行動力と度胸をつける　○
② 閉空間を大きく書く：元気のエネルギータンクが大きくなる　○
③ ハネ・トメをしっかり書く：ていねいに粘り強く　○
④ 開空間を広くとって書く：自分も相手も受け入れる　×
⑤ 縦線をしっかり書く：自分軸を整える　？

土谷正実は筑波大学大学院化学研究科修士課程修了、博士課程で中退した優秀な人物で、筆跡特徴からまじめで誠実な頑張り屋さんだったこともわかります。彼の文字で残念なところをあげるなら、「余白」が少ないことです。

第4章【成功マインド4】の開空間が狭い。これは彼が職人気質であったことを意味し、研究者としては適材だったといえます。

オウム真理教についても、信頼するまでは時間をかけたと思いますが、一度決めたらそちらに猛進するような性格であったため、人のアドバイスが耳に入ってこなくなったのではないでしょうか。

気持ちの余裕（受け入れる）があって、早く脱退することができたら、何かの功績を残せたのではないかと大変残念に思います。

執念深く粘着性が高い：新潟女児監禁事件の佐藤宣行

新潟女児監禁事件とは、１９９０年11月13日に新潟県三条市で発生し、２０００年1月28日に発覚した未成年者略取および逮捕監禁事件です。この筆跡は犯行後、雑誌編集部に送られた手紙の抜粋になります。

何とも言えない異様な筆跡です。文字の角を独特に曲げる書き方を「特殊角型」と呼び、手間をかけてまで人と違う持ち味を出したい主義の人の特徴です。定規で書いたような文字の羅列に独特の丸文字と『』の連続。

行間がない詰まった書き方は間を取らない余裕のなさ、そして、この書き方のテンポを変えずに何枚も書き続けられるところに強い執着心・粘着性・幼稚性を感じます。明らかに普通と違った観点を持った人だとわかります。

彼がこのような文字をいつから書くようになったのか知りたいところですが、彼の文字に足りないのは、土谷正実同様、**【成功マインド4】**の開空間が狭く、「余白」がなく、**【成功マインド5】**の縦線（自分軸）がないこと。

思い込んだら人の意見を聞かず、自分の感情を満たすことにエネルギーを使ってしまう。

ただ、そのエネルギーを自分の世界の中でなく、他の人が喜ぶことに役立てられたら、よかったのにと思ってしまいます。

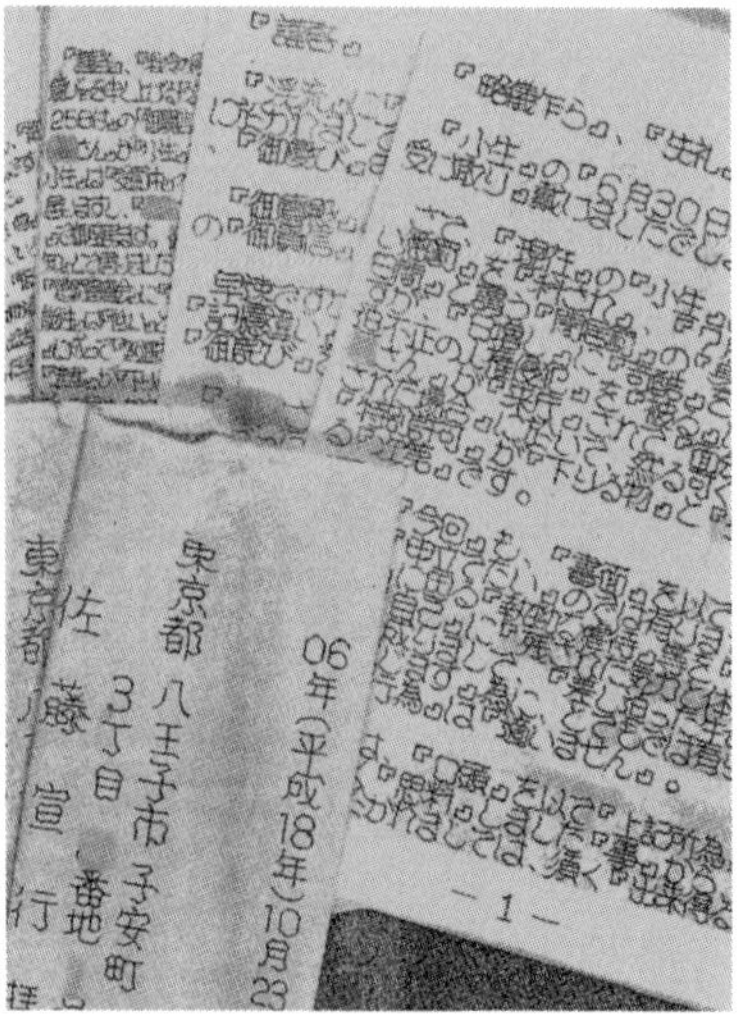

2006年11月24日　週刊朝日

自信過剰で自己顕示欲が強い：首都圏連続不審死事件の木嶋佳苗

首都圏連続不審死事件とは、２００７年から２００９年にかけて発生した連続不審死事件。木嶋佳苗は３人を殺害した罪で死刑が確定しています（未執行）。木嶋佳苗は３度の獄中結婚をして、３番目の夫が、彼女が書いた手紙をブログにアップしたものが以下の文章。字が美しいと評判の木嶋佳苗の筆跡は、とてもていねいに書かれていて、自己愛・美意識の高さを窺うことができます。しかし、ただの目立ちたがりではない強い特徴を様々持っていて、罪を犯していなくてもなにがしかのトラブルメーカーであろうと想像できます。

筆跡の特徴で目立つのが左ハライの長さ、これは目立つことや華やかなことが好きな人に多い特徴です。

ハネの強さは**第4章【成功マインド3】**にもあるように一般的には良い特徴ですが、彼女の場合、「憎」のりっしんべん（ハネないのが正しい書き方）まで強くハネており、さらに我が強い人の特徴である「起筆ひねり」も随所に持っているところから、一般人が取り組まないことに情熱を燃やすタイプであり、いざとなれば、揉め事が起きても自分の気持ちを押し通す強い性格であることがわかります。

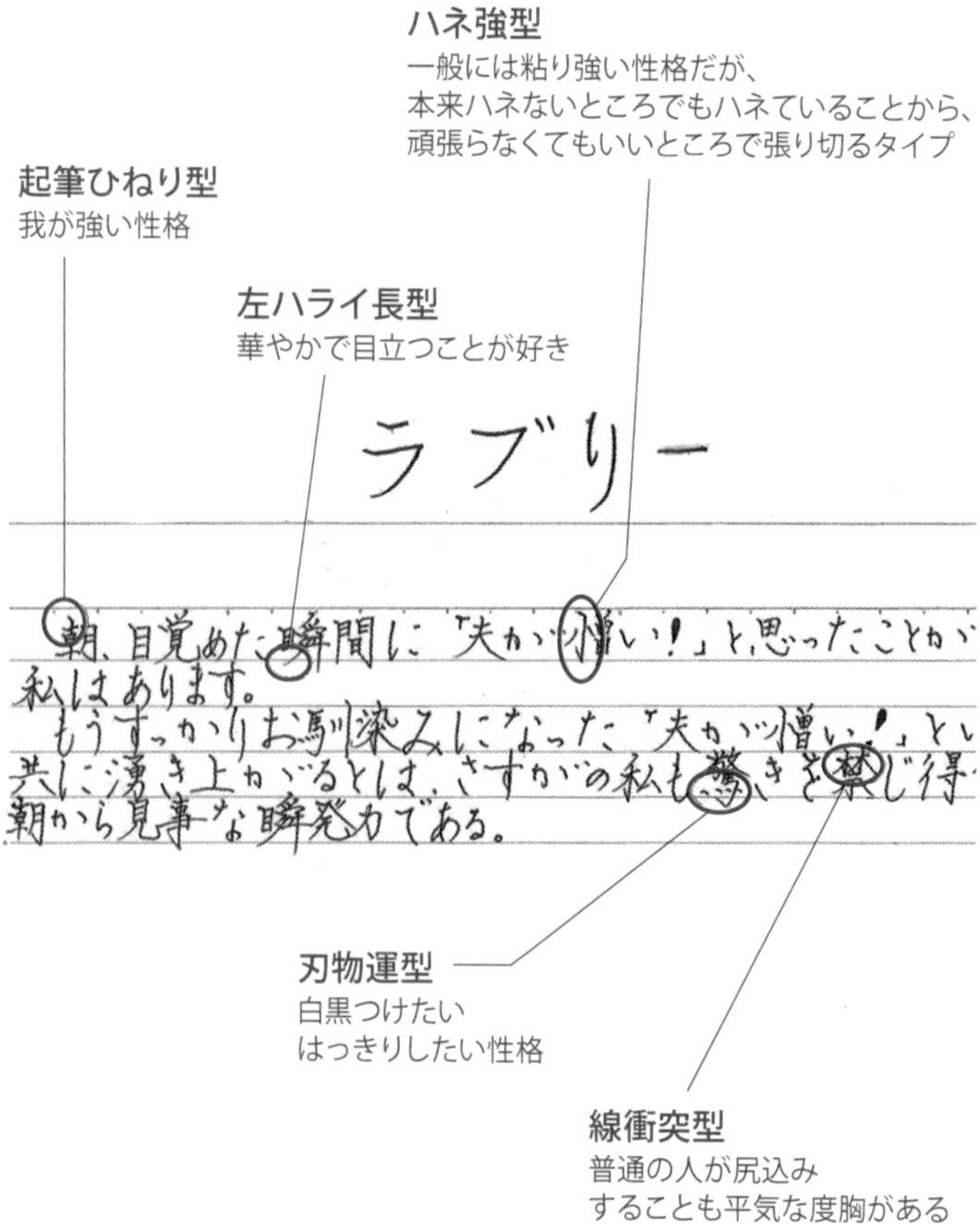
ハネ強型
一般には粘り強い性格だが、
本来ハネないところでもハネていることから、
頑張らなくてもいいところで張り切るタイプ
起筆ひねり型
我が強い性格
左ハライ長型
華やかで目立つことが好き
ラブリー
朝、目覚めた瞬間に「夫が憎い!」と思ったことが
私はあります。
もうすっかりお馴染みになった「夫が憎い!」とい
共に湧き上がるとは、さすがの私も驚きを禁じ得
朝から見事な瞬発力である。
刃物運型
白黒つけたい
はっきりしたい性格
線衝突型
普通の人が尻込み
することも平気な度胸がある

彼女の特性としては、問題行動を起こしやすいものの、目立つことや華やかなことが好きで、そのためには労力を惜しまないので、新規開拓の営業や新規プロモーションなど、先遣切込み隊的な立ち位置の仕事なら評価を受けたのかなと思います。裏方の仕事は向かない人ですね。

エネルギーをどこに向けるか

人生がうまくいかないときに、エネルギーをどこに向けるかで、その人の将来は変わっていきます。今回紹介した3人の犯罪者は、持っているエネルギーが強いため、反発して罪を犯すことになりましたが、私たちでもエネルギーの量が違うだけで同じことは起きています。

人生をうまく渡っていくためには、自分が持っている「何か」を無意識領域に放置しないことが大事です。「私には、つい、自分を卑下する癖がある」などと、無意識のクセを意識に持ってくることができたら、「あ、私は悪くないぞ、自分を落とすのをやめよう」と、セルフコントロールできるようになるからです。

そして、もう一つは、「他者に興味を持って受け入れる」こと。あなたの周りにもあなたの理解を超える行動をする人がいると思います。でも、そういった人は裏返すと、特異な才能を持っている可能性が高いのです。おかしなことをしているなら、心の状態が良くないだけかもしれません。

だから、そんな人がいたら「この人の特性を裏返すと、どんな魅力になるのかな」と考えてあげてほしいし、挨拶だけでもいいから声をかけてあげてほしいです。

犯罪者だけに限りませんが、多くの現代人は孤独です。認めてほしい、居心地のいい場所を作りたいと思っている承認欲求の強い人が多い。でも、誰にも認められず寂しくて希望が見いだせず、間違った居場所に入り込んでしまった。

もちろん、本人が心を整え歩み寄ることも大事ですが、一時でもいいから彼らに関心を持って「おはよう」「いってらっしゃい」「おつかれさま」と、優しい言葉をかけてあげる人がいたら、彼らが持っている能力をいい形で発揮させてあげられるのではないかと思わずにいられません。

だから、私たちも自分の心を整えて、自分の良さを知って認めることが自分を高めることにつながります。自分が自分の良さや強みを知っていたら、不測の事態が起きても、うまくいかないことが起きても、人や物のせいにせず希望の道を歩き続けられるからです。

おわりに

ここまでお読みくださってありがとうございました。３日間のワークはいかがでしたか？　文字で気持ちや生き方が変わる感覚や、筆跡心理学のおもしろさを少しでも感じていただけたらとてもうれしいです。

この本を通して初めて筆跡診断士という仕事を知った方も多かったと思います。ましてこのＩＴ時代に手書きについて書くなんて「なんて時代遅れな！」と思った方もいらっしゃるかもしれません。

でも、私の会社では筆跡診断士養成講座を何年間も開いていますが、文字や心理学に興味を持ってくれる人の数は減ることはなく、手書きに対して関心を持っている人は少なくないと感じます。

手書きは単にメッセージを届けるためのものではなく、私たちのメンタルを強くしたり整えたりする役割がある、そしてこれからの「心の時代」に、数千年続いてきた文字の文化が貢献できることはまだまだたくさんあります。

私たちは、手書きの手紙をもらったら必ず目を通すし、お酒を買うときはラベルに書かれた肉筆の銘柄を見て「おいしそう」「こだわりがある」などと感じて選ぶように、手書き文字の奥底にある、書き手の思いや考え方のクセなどを無意識に理解しています。

その無意識に書かれた文字の書きグセを分析するのが筆跡心理学であり、筆跡診断です。この本では、自分の名前を大事に書くことから、成功者の文字の共通点を取り入れ、さらに、著名な人の文字から生き方をなぞるという3つのステップで自分を高める方法をお伝えしました。

特に第5章の著名人の文字をなぞるという方法は、お会いしたこともないあこがれの人の生き方をインストールできる、とても不思議な経験ができます。

私は筆跡診断士になったばかりの頃、どうしても診断がわからない文字があり、苦し紛れにその人の文字をなぞってみたのです。

そうしたら、自分との違いに気づけて、「なるほど、この人はこういう価値観の人なんだ！」と感動し、それ以降、相手を理解するために文字をなぞることをお勧めしています。

かつて経営者向けの講座で、松下幸之助さんや小泉純一郎さんの文字をなぞってもらうワークをしたときに、それぞれ一癖ある成功者の書き方のクセに「わー、難しい！」と皆さんおっしゃりながらも、「そうか、こういうところが大胆なんだな」「エネルギーや勢いがあるとわかるね」と口々に感想を述べられていました。

そうなんです、この経験はとても貴重です。手書きの文字をなぞるだけで、お会いできない過去の偉人でもその人の生き方を取り入れることができるのですから。

書き方のクセは生き方のクセ。そこには必ず書いた人の魅力があふれています。だから、もっと自由に書いていいんです。

でも、文字はみんな同じように美しく書かなければと思っている人が日本人は多すぎます。文字に表れる個性や魅力をもっと認め合ったらいいのに！　と常々思います。

私は普段、仕事で40代以上の女性のお悩みを聞くことが多いのですが、ときどき、10代20代の女性のお悩み相談を受けることもあります。

毎回面白いなぁと思うのは、10代20代の女性の悩みはたいてい、「私はみんなと同じようにできない」「自分は浮いているのではと思う」「親の期待に応えられない」といったものなのに、20年も経つとその悩みは「自分らしさが見つからない」「自分の魅力って何？」と真逆の方向に変わることです。

何が言いたいかというと、**10代20代のころ違和感を覚えていたザワザワする不安の感覚は、実は、あなたが他の人と差別化できる「強み」**だということなのです。

他の人と違うからザワザワしたり居心地が悪いのですよね。それに気づけた人は、今、自分を上手に使いこなしていると思います。

でも自分をなかなか出せなくて、自己主張より人に合わせてしまったり、流れに任せてしまう人、例えば、進学や就職や結婚など、人生の大事な選択を親や教師の勧めや、友達に後押しされて決めた人は、40代になって何かしようと思ってもなかなか踏み出せなかったり、自由になったとき「自分は自分の人生の大事なことを何も決めてこなかった。だから、怖くて一人で何もできないんだ」と気づいて逆に苦しくなる人が多いです。

弊社にはこのような女性の相談がとても多いです。しかし、筆跡心理学を使って自分の魅力に気づいて、個性を伸ばす書き方をしていくと、するりと本来持っている自分の良さを出していけるようになります。

年齢は関係ありません！

筆跡で自分の良さを見つけたら、いつだって本来の自分を取り戻せるのです。だから普段から、皆さんにもっともっと名前を自由に書いてほしい、そして自分らしさを発揮してほしいと思っています。

最後にこの本の製作・企画に協力してくれた林式匠の筆跡診断士、サポート講師、上級講師の皆さま、Ｊディスカヴァーの城村さんはじめスタッフの皆さま、さくら舎の戸塚さんにお礼と感謝を申し上げます。

著者プロフィール

筆跡診断士。林式 匠の筆跡診断考案者。横浜ゴム㈱を経て、2000年に匠佳堂を設立。全国の経営者・ビジネスマンに筆跡診断やエニアグラムによる自己啓発・講演・研修などを行っている。筆跡診断数は約6200件。2012年、TBSにてオウム真理教高橋容疑者の潜伏先を唯一正確に分析し評価を上げる。

文字には書いた人の生き方が表れる。その中には本人さえ知らない魅力や才能があふれているのに、それに気が付かず、せっかくの能力を発揮できていない人が多いと気付き、そこから“筆跡を変えれば生き方が好転する”をミッションとし、本人の魅力を最大限に生かす文字の書き方をアドバイスするというスタイルでビジネスを行っている。

現在は、「林式 匠の筆跡診断士養成講座」、筆跡心理学とエニアグラムで自分の「トリセツ」を作る「魔法の開運文字セラピー講座」、筆跡を気軽に楽しく学べるサブスク「デカ文字ラボ」を主宰し、全国に多くの受講生を育成している。

主な著書に、『一文字セラピー』（日本文芸社）、『成功する人は字がデカい !』（自由国民社）などがある。

公式 web サイト：https://www.shokado.com

3日《みっか》で人生《じんせい》が劇的《げきてき》に好転《こうてん》する文字《もじ》の書《か》き方《かた》
――成功者《せいこうしゃ》の書《か》く字《じ》をインストールすれば運《うん》は開《ひら》く！

二〇二四年三月九日　第一刷発行

著者　林《はやし》　香都恵《かずえ》

発行者　古屋信吾

発行所　株式会社さくら舎　http://www.sakurasha.com
東京都千代田区富士見一-二-一一　〒一〇二-〇〇七一
電話　営業　〇三-五二一一-六五三三　FAX　〇三-五二一一-六四八一
編集　〇三-五二一一-六四八〇
振替　〇〇一九〇-八-四〇二〇六〇

企画協力　株式会社Jディスカヴァー

イラスト　森崎達也（株式会社ウエイド）

本文DTP　望月彩加（株式会社ウエイド）

カバー画　アクア／PIXTA

装丁　アルビレオ

印刷・製本　中央精版印刷株式会社

ISBN978-4-86581-417-0